いきいき生活かるた

あさい　のりあき

東京図書出版

本書の用い方

一．ご自分で最初から最後まで通して読んで下さることが最も良い方法です。

二．グループで読書会をする場合は、一節ごと、あるいは、一つの言葉ごとに参加者で輪読するか、または、誰か一人が読んできて発表し、その後話し合いをすることが出来ます。

三．話し合いの前後に巻末エピローグの「一、いきいき生活かるたの構成とゲーム」を参考にして、かるた取りやその他のゲームをすることが出来ます。楽しい交わりの中から自然に大切な事柄が心に刻まれていきます。

四．「生活短歌」の創作を参加者で行い、定期的に短歌会の交わりをもつことにより、楽しみながら生活の質を高めることが出来ます。

五．巻末エピローグの「三、いきいき生活評価票」によって、ご自分の生活を振り返ってみて下さい。

なお、この物語の主人公・牧人は架空の人物ですが、筆者の経験が根底にあります。その他の登場人物も創作上の人物ですが、根拠がある複数の取材に基づくものです。

プロローグ

牧人《まきと》は六十九歳になった夏、故郷の白山《はくさん》に登った。小松空港から日本海に注ぐ手取川沿いの道を車で走り、白山ふもとの鶴来《つるぎ》に着いた。そこから海抜二四〇〇メートルを超える緑に覆われた山並みを眺めながら、石を敷き詰めた山道を通って室堂《むろどう》に登った。

二百人近い精神の障害をもった方々を支援する社会福祉法人の責任者になっていた牧人は行き詰まっていた。

「二十年、三十年と服薬を続けても、服薬を中止すると病気を再発して、なぜいつまでも苦しまなければならないのか？」

このことは精神疾患のための服薬は対症療法であることを示していて、服薬している間にいきいきした生活の再生を果たさなければならない、と牧人は確信するようになっていた。精神疾患の発症要因であるストレスに弱い体質は、親から子へ、そして、子から孫へと伝わり家族全員で取り組まなければならない。問題は、それをどのようにしたら達成できるかであった。

室堂で、牧人は福生龍《ふっさりゅう》と名乗る人物と出会った。自分は現象学の始祖であるフッサールの生まれ変わりであると言う。赤銅色の肌に鋭い眼光をもった背の高い人物で、牧人を見下ろすように立っていた。夜になってストーブを囲んで話を聴くうちに、だんだんと牧人は威厳をもった彼の態度の奥に何とも言えない親しみを覚えた。彼は小さい時、アスペルガー症候群と診断され、それを乗りこえ大学の哲学科教授にまでなったことが判った。数年前から白山の自然にあこがれ、夏の間ここに留まって詩歌や短歌の創作に取り組んでいた。

福生龍は話しだした。

「日本における国民の五大疾患の一位を占める精神疾患による障害者問題は、早急に解決されなければなりません。精神疾患の患者数は三百五十万人を超え、そして、精神科病院の入院者は三十二万人前後をずっと推移しているでしょう」

福生龍は続けて話す。

「また、ここ十数年間の自殺者と、その十倍ぐらいと推定される自殺未遂者、その関係者を含めると三百万人を超える数になります。これらに加え、近年高齢者の認知症が増え、その内の七割の人がうつ病になるとの報告もあります。またそのこと等により、日本における寝たきり老人がここでも三百万人を超えていると推定されます」

「これらの数字はかなり重複していると思われますが、三百万人と言いますと、第二次世界大戦の日本人の戦死者の数とほぼ同じです」

福生龍は徐々に興奮し、声の調子が上がってきた。牧人は、身を乗り出して、話にのめり込んでいった。

「そうです。日本の多くの人は心の健康を失っている状況にあると思います。このような心の健康を失っている人々は、無意味な日々を過ごし、生の驚きが見出せない虚しい時間の経過にすぎない生活をしていると思います。どうしたらよいと思われますか」

福生龍は髭を手で撫でながら答えた。

「私が今までに研究してきた現象学では、いきいきした生活を取り戻すために、次の四つの原則が必要だと思います。あなたは実存哲学をご存じでしょう。これはその実存哲学で基本的なものですが、

一つは、豊かな意義ある時間をもつことです。

二つは、安心できる場所や空間をもつことです。

三つは、能力を発揮する身体をもつことです。

四つは、信頼できる親しみの関係をもつことです。


これは、今という時間に、自分が存在している空間で、私の心身機能のすべてを挙げて、あなたとの関係において、いきいきした生活を取り戻すことを意味します」

牧人は相づちを打ちながら耳を傾けた。

「これらの原則はばらばらでなく、総合的に体験します。豊かな意義ある時間をもつことが安心できる空間でもあります。ソーシャルワークでは従来から『here and now（ここで・今）』と

いう言葉で時間と空間を大切にしてきました。そして、そのような環境にある時、人はもっている能力を最大限に発揮できるようになり、親しいあなたとの関係をもつことができるようになるのです」

牧人は再び質問した。

「現象学では、どのような方法で問題を捉えようとしているのでしょうか」

福生龍は答えた。

「フッサールが哲学の側からの諸学問の基礎付けへと関心を移し、新しい対象へのアプローチの方法として現象学を提唱しました。あなたも知っているでしょう。ハイデッガーやサルトルやメルロ・ポンティらですが、これらの後継者を生みだして現象学運動となり、学問のみならず政治や芸術にまで影響を与えました。

フッサールは、いかなる前提や先入観や独断にも捉われずに、現象そのものを把握して記述する方法を求めました。これを現象学的還元と言います。わたしたちは自分の存在や世界の存在を疑ったりしないですが、フッサールはこのような態度の下では、世界や存在者自体の意味や起源を問題とすることができないと言ったのです。現象学とは生きられた経験の構造、その内的な意味の構造を明るみに出し、記述しようという体系的な試みです」

ここで少し間をおいて、解ったかという目をして牧人を見た。牧人がうなずくと、続けた。

「ここで、私は短歌を創作しています。自分の生活を意味づけるとともに、その中に音楽性を見出す作業です。音楽の三要素はリズムとメロディとハーモニーでしょう。そもそも短歌の素材となる生きられた経験は幅のある音楽性をもったものとして感得されます。人間生活にとって音楽がない世界というのは、平坦な主体性のない受動的生の状態です。言語は声に出して唱えられなくてはならないのです。その音楽性によってわたしたちの生は能動性を獲得し、生活の再生を促します」

ちょっと間をおいて、また、続けた。

「近代以降、独自の道を歩むことになった音楽は、今や自分の領域を持ち、我が物顔で音楽を独占しようとしています。わたしたちはいつの間にか、生活の外から音楽を得ようとするようになりました。しかし、音楽は本来生活の中にあるものです。わたしたちの身体がそれを感知します。言語化による生活の意味づけとともに、生活の音楽性を取り戻す必要があるのです」

牧人は三晩続けて福生龍の話を聴いた。牧人は福生龍の話の内容でよく解らないところもあったが、大体は理解した。牧人は、今までの人生経験を白紙に戻して捉えなおしてみようと思った。経験を記述することによって、その経験の意味と音楽性を問い直してみることにした。

牧人は、自宅のある柏市に帰り、障害者の前に立った。言語化と音楽性を目指す生活短歌を皆で創作して短歌会（※エピローグ参照）を行った。そして、全ての障害者が、自分の経験の意味と喜びを再発見し、未来の希望を引き寄せ、障害を克服し、服薬に依存することのない生活再生を目指して、『いきいき生活かるた』を作ることにした。

いきいき生活かるた❖目次

牧人、生活の場所

一九四一年（〇歳）　郷里に誕生する

一九六一年（二十歳）　上京する

一九九六年（五十五歳）　福祉に入る

二〇一六年（七十五歳）

一章　豊かな時間（今）

過去の経験を忘れ去ってしまう前に言語化によって**生きられた経験**として現在に引き留め、**将来の希望**を取り込むようにすることが現在を豊かなものにするよい方法です。

ある障害をもった方は、毎日うれしかったことを手帳に三つ短く書きこんでいました。

「今日は時間通りに起きられた」

「庭に花が咲いた」

「無事に買い物ができた」

といった具合です。

このように、現在の生活を豊かなものにすることが出来ると、活動と休息のバランスをよくしてリズミカルな生活をもつことが出来るようになります。

生活のリズムとは、活動全体にわたり安定して繰り返される時間的パターンです。活動と休止、活動量の強弱、さらに各々の時間配分といった構成要素を組み合わせて生活のリズムが感受されます。等しい間隔で刻まれる心拍数や呼吸や歩行のリズムが基本的な身体のリズムとしてあり、その上に一日の生活のリズムが成り立っています。一週間のリズムがあり、一年のリズムがあると言えます。人間の一生も壮大な過去と現在と未来の時間の中のリズミカルな存在と言えるでしょう。

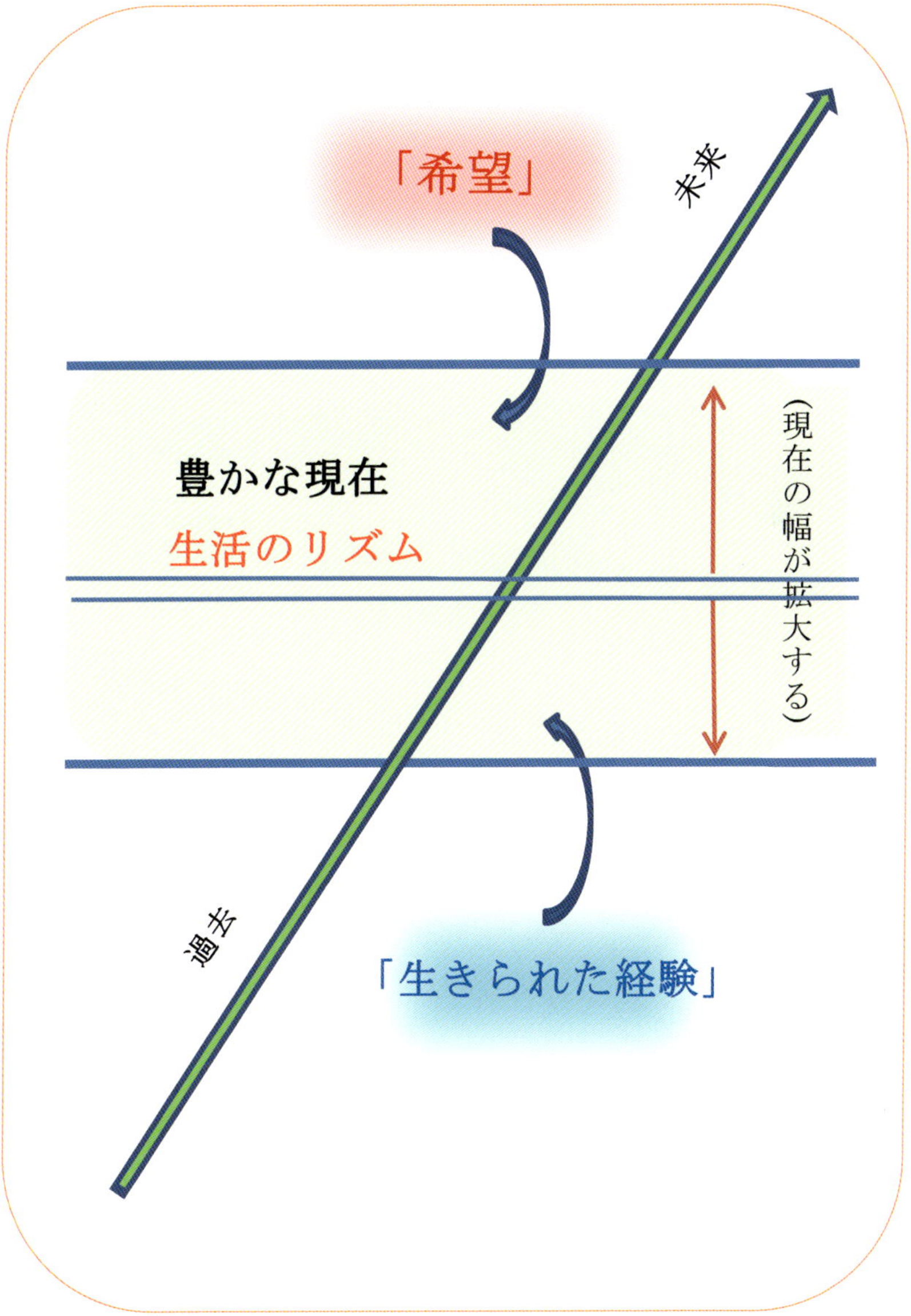
「希望」
未来
豊かな現在
生活のリズム
（現在の幅が拡大する）
過去
「生きられた経験」

一一　生きられた経験

一　すぎし日をふと想い出す崖っぷち

二　かことなる消えゆくものを書き留め

三　つらきこと乗りこえ来れば豊かなり

四　にどとないこの瞬間を逃さない

一二　将来の希望

五　たのしめと鬼監督はのたまへり

六　わが長所信じて歩む三十年

七　いかにあれ絵に描いた餅は食べられぬ

八　あすの希望ありてぞ力あふれくる

一三　生活のリズム

九　リズムもつ母の鼓動を我聞きぬ

一〇　みちてくるリズムのありし朝の海

一一　さりげなく日常生活リズミカル

二　生きられた経験

一　すぎし日をふと想い出す崖っぷち

日本では、「三歳児《みつご》の魂百までも」という諺《ことわざ》があるように、しっかりした母または母に代わる人の愛に支えられた児童は成長してもその過ぎし日の想い出が支えとなります。また、その後の様々な経験を言語化して価値あるものとして残し、人生の危機的状況も乗り越え成長していけるでしょう。

昭和十六（一九四一）年十二月八日、日本列島が寒気に覆われた朝も朝顔は寒そうに数少なくなった花を咲かせていた。未明、日本軍はハワイ真珠湾のアメリカ軍基地を爆撃、停泊していた大平洋艦隊の艦船のほとんどを撃沈。奇襲作戦は成功し、アメリカ軍の戦艦八隻を撃沈または損傷により行動不能とする大戦果をあげた。真珠湾攻撃の翌日、フランクリン・ルーズベルト大統領の要請により、アメリカ合衆国議会はアメリカと日本は開戦したと宣言した。日本閣議は戦争の名称を『大東亜戦争』とすることを決定。年の瀬の十六日、戦艦大和が竣工した。

この年の三月、そのような時代と世界の動きについて何の知る由もなく、北陸の片田舎《いなか》に、牧人《まきと》は生まれた。家の東方には白山があり、毎年元旦にはその頂から太陽が顔をだし、その光は山頂を駆けくだり真白な雪の平野を席巻《せっけん》し我が家に届いた。

当時はどこの家庭も子どもが多く、戦後牧人が小学校に上がる頃、八歳上に中学生の長兄がいて、二歳上に次兄、三歳下に妹と、その下にまだ乳児の弟がいた。三男坊の牧人は次兄と祖母と同じ部屋で寝ていた。毎晩寝るとき、いつも昔話を祖母にねだってしてもらった。「むかし、むかし、あるところに……」と祖母が語り出すと胸をワクワクさせながら聞いた。そして、いつの間にか眠りについていた。

家は田舎《いなか》造りで玄関を上がると、四つの部屋があり、その左奥の部屋が仏間《ぶつま》で祖母と牧人たちの部屋になっていた。さらに仏間の左の方に離れがあって父母が乳児の弟と一緒に寝ていた。祖母は熱心な浄土真宗《じょうどしんしゅう》の信徒だったので朝早くから起き出し、仏壇を開いてその前に座り、お経を唱えた。「きみょう、むりょう、じゅうにょうらい……」と始まり、だんだんトーンが高くなって約一時間延々と続く。そして最後にトーンを落として「なむあみだぶつ」と言って終わりになる。牧人はそれを布団の中で毎朝聞いていた。

祖母は、家族みんなが勤めに出かけてしまうと、家や納屋《なや》の周りに生えている雑草を取ったり、箒《ほうき》で掃いたりして歳相応に自分で出来ることをして過ごした。また時には約四十軒ある町内を廻って、年寄り仲間とお茶を飲んで一時おしゃべりに花を咲かせた。時には我が家にもお客さんがあった。

牧人が成人して東京に出るようになった時、帰省すると祖母は喜んで迎えてくれた。囲炉裏《いろり》端に座って何時間も牧人の話を聞いてくれた。話しても、話しても、話は尽きないほどあったし、牧人は祖母の話を懐かしく一生懸命に聞いた。帰る時に祖母は必ず「これはお小遣い」と言って手提《てさ》げに貯めてあったお金をくれた。祖母は九十三歳でこの世を去った。

二　かことなる消えゆくものを書き留《とど》め

すべてのものが時間の経過とともに虚しく消えていきます。その中で良い想い出を記憶に留める作業は大切です。その方法は日記を書くこと、詩や短歌をつくること、手紙を書くこと等の言語化です。また話し言葉の「おしゃべり」も聞いてくれる人がいれば有効ですね。

牧人（六十二歳）は自宅の半分を占めるアパートに精神障害者三人を受け入れ、ふれあいホームとして世話人をしていた。障害者グループホームの最低定員は四名であったが、千葉県では三人以下の少人数でも県単独でふれあいホームという名称で認可していた。

ある日、そのふれあいホームに直人《なおと》が入居した。直人は兵庫県に生まれたが、両親は彼が高校二年の時離婚した。直人は父の方につき、妹は母についた。直人は十八歳で家を離れ、大手系列会社の下請けの軽トラックを委託生産する会社に就職した。そこで十年勤めた。二十七、八歳頃から身体に変調があり、三十一歳の時、統合失調症にて一回目の入院をした。それから、二回、三回、四回と入院を重ねた。

直人はふれあいホームに入居してすぐ二階の物音が気になり、二日目の夜二階の部屋に行き、長年入居している利用者に喧嘩腰で談判を行った。牧人は中に入りその場を収めた。次に、彼は道路の向かい側の家の呼び鈴を押したい衝動にかられていると牧人に訴えた。挨拶もしないその家の持ち主に対し、どうしても気になって仕方がないと言う。牧人は直人の話をよく聴いてこれも何とか制止した。

直人は、入居する前から就労継続支援のB型事業所である軽食喫茶で日中働いていたが、体力があり勤務成績が良いという評価を受け、食品加工業の工場勤務に入ることになった。そして、生活保護をキャンセルした。

ところが、一カ月ほどした時、いきなり再入院したいので病院まで送ってほしいと牧人に頼みに来た。話を聴き、主治医の判断に委ねた方が良いと判断し、牧人は病院まで入院の準備をした彼を送り届けた。しかし、その日の午後、彼は大きなバッグを抱えてふれあいホームに帰ってきた。主治医から入院の必要がないと言って断られたためであった。

そのような直人であったが、彼はそこで行っているふれあい短歌会に参加するようになって、初めて短歌を作った。それは二十年前に離婚した母からもらい、ずっと大切に着てきたジーンズのジャンパーのことだった。

ジージャンを母からもらい二十年そでぐち破れ後十年は着る

そして、夏が来て、父の命日が近づいた。直人は独り、部屋で静かに亡き父のことを思った。様々なことがあったが、人生の最期に心不全で亡くなった父から生前、小遣いをもらったことを想い出していた。

夏が来て父の命日近づきて小遣《こづかい》くれた優しさ想う

三　つらきこと乗りこえ来れば豊かなり

病気をしたり、障害をもったりして辛い経験をしている人でも、自分で見たり、聴いたり、経験した中でいいなあと思った事柄を自分の言葉で話したり、書いたりしておくことから少しずつ希望がもてるようになり、今日が豊かな良い日と思えるようになることでしょう。

牧人（六十六歳）は、就労移行支援事業所で障害者の就労リハビリテーションを促進するプログラムを受けもっていた。十人程集まっている部屋の窓の外は初夏となり、木々をわたるさわやかな風が吹いていた。

参加者の一人である紀夫は話を続けた。

「私は二十歳で社会人になり、長い間会社のために働いてきましたが、上司による言葉の暴力や、超過残業により心の健康をそこない、うつ病になりました」

皆は頭を上げて紀夫の顔を見た。紀夫は続けた。

「心の健康を取り戻すために、入院したり、薬を服用したり、自分なりのリハビリをしたり、大変な思いをしました」

隣の席にいた大樹《だいき》は、相づちを打って、

「私は、心の健康はとても大切なことであり、身体の調子にも影響を与える大きな問題だと思います。これからも努力を怠らず、心が健康になって病気が治るようにがんばりたいと思います」

と話した。牧人は大きくうなずいて、小さい身体でいつも黙っている幸恵《ゆきえ》に発言を促した。

幸恵はちょっと躊躇したが、話し出した。

「はい……。私は……、他人と協調するとか、その場に応じた会話など、対人関係の基本的なことが出来ません。人と話すことに意味を感じていないのです。話すと、どうしてももどかしさが残ってしまう時が多いのです。話すのが嫌になってしまうことが多くあります。先ほどのゲームの時もペアの人と自分から話すことができなかった。……」

皆はそれを静かに聞いていた。しばらくして満《みつる》はゆっくり話し出した。

「私は二十二歳の頃、幻聴や被害妄想、激太りして、何か言われるのではないかという恐怖心からくる引きこもりで生活が定まらず入院しました」

そこでちょっと間をおいて、また話し出した。

「七カ月して退院してデイケアに通うことになりましたが、対人恐怖の強さは治らず、当初、冬でしたが、デイケアにいるだけで親同伴でも怖くて固まってしまい、コートも脱げないほどでした。しかし、いつまでもそのままというわけにもいかないと思い、まず社会に慣れようと初めて一人でカフェに入り、注文をしました。お金を支払い、そして全く知らない人たちに囲まれてコーヒーを飲むという単純作業を繰り返しました。次は他の店に行ってみよう、レストランに行ってみよう、と地道に経験を重ねましたが、一番怖かったのはATMを初めて一人で利用しに行った時でした。が、それもいつの間にか慣れ、通信高校の月二回のスクーリングも休まず通い、卒業し海外旅行や作業所と、気が付いたら一人で何でもできるようになりました」

周りの人たちは、満の話を聞いていたが、一斉に、

「すごいなあ」

という声を上げた。

みんなの話を最後まで聴いて、牧人は話し始めた。

「皆さん、今日はいろいろ素晴らしいお話を発表して下さりありがとうございました。慣れない仕事や新しい学習を始める時、最初は少々辛く忍耐が必要ですが、それらをよく理解するように努め、分かってくると興味をもつようになり、楽しくそれに取り組めるようになるでしょう。そうすることによって日々の生活にゆとりが生まれ、豊かになると思いませんか」

話しているうちに、昼食の時間が来て終了した。

四　にどとないこの瞬間を逃《のが》さない

豊かな現在をもつためには、それをしっかり受け止める主体的な自分がいなければなりません。主体性がなく、ただ虚しく時に流される人は豊かな時間をもつことができないでしょう。

牧人はこの一週間ずっと真剣に考えていた。

「すべては虚しく過ぎ去っていく。自分の存在すら確認することができない。豊かな現在というのは幻想でしかないのではないか。友人は希望をもてばと言うが、将来は不確定で不安をもたらすだけではないか」

牧人は、自分をごまかさないようにして、できるだけ正しく考えようとした。友人からの一時的慰めは何にもならなかった。牧人は自分で何かを観察し、一つのテーマを追求して答えが見つかるとうれしかった。

「過ぎ去っていく時間は、次の瞬間から過去のものとなる。そして、未来の時間はまだ来ていないのだから、現在という時間は瞬間でしかない」と思った。

「そこでは、自分の存在を確認することすら出来ないではないか。豊かな現在という時間はないのだとすれば、過去の楽しい思い出を残しておくしかないだろう」

と牧人は自分に言い聞かせた。そして、アルバムを作り始めた。あまり多くはなかったが、手紙や年賀はがき等を整理して保存した。しかし、牧人は満足できなかった。

ある時、牧人は自分の部屋で音楽を聴きながら音楽の本を眺めていた。その中に作曲について書かれているところに目をとめた。

「すでに過去になった多くの音の中から自分の好きな音、例えば『ド、ミ』の音を選び出し、『ド、ミー』と鳴り続けている間に、新しい今までになかった音『ソー』の音を加えるとします。そうすると、『ド、ミ、ソー』の音が共鳴し合って、心地よい和音ができあがります。これが作曲の原点です」

これを読んで、牧人は押入れにしまってあったキーボードを持ち出した。キーボードをセットし、「ド」と「ミ」のキーを押した。十分に「ド、ミー」の音を聴いて、次に「ソ」の音を添えた。すると、質の高い「ド、ミ、ソー」の和音が部屋の空間に響きわたった。

牧人は考えついた。

「過去になった音が耳に鳴り続けている間に、未来の音をもたらして豊かな音楽をつくりだすとすれば、現在という時間にそれらを感じるだけのゆとりの幅がなければならない」

目の前の視界が開けたように感じた。そして、

「過去の経験が消えてしまわないうちに言葉にして残し、未来の一部を先取りして現在を豊かなものにするためには、ここにはそれらを受け止める主人公としての人間の感受性豊かな心がなければならない。そのことによって初めて、いきいきとした楽しい時間をもつことが出来るようになる」

このように考えるようになって、牧人は、この二度とない今を楽しみ、この一日を楽しみ、一週間を楽しむことができるのだと思った。

一二　将来の希望

五　たのしめと鬼監督はのたまへり

受動的に意欲もないまま我慢して働くことは苦しみを伴います。しかし、気をとりなおし、仕事を理解し好み楽しむようになると、希望が見えてきて意欲的に仕事に取り組むことができるようになります。このことは、勉強するときも、スポーツするときも同じですよね。

牧人は中学生になってバレーボール部に入り練習していた。しかし、最近練習が楽しくなくなり辞めたくなっていた。監督の先生からやる気が足りないとか、根性が足りない、と注意をうけていた。先輩も時々厳しい目で見ているように思えた。部員は三十人ほどいて、市内の優勝候補であるチームの中でレギュラーを勝ち取ることは無理ではないだろうかと思った。牧人は黙々と言われた通りの練習をしていた。歯をくいしばってコートのまわりで基礎練習をしていたが、時に希望も消えうせて、

「どうせやったってだめなのではないか」

と思うことがあった。

その日も牧人は心が泣きそうになりながら練習をした後、家に帰ると母からお使いを頼まれた。身体はくたくただったが家の苦境も分かっていたので「はい」と小さく言ってお使いにでかけた。疲れた身体をひきずりお店までの夕暮れの道を歩きながら、

「どうして俺はだめなんだろうか」

と情けなくなって大粒の涙が頬を伝って落ちるのを感じていた。

ある時、練習試合があった。牧人はレギュラーに選ばれてコートに立った。

「失敗したらどうしよう」

不安感があった。まず最初のサーブを受けることに失敗した。そしてレシーブで相手の弾丸ライナーのようなアタックのボールを大きく後ろに飛ばしてしまった。

「今度こそ失敗しないぞ」

緊張して臨んだが次のボールも取れなかった。監督から交代するように指示がでた。試合はその後持ち直し勝利したが、試合が終わってから監督は言った。

「もっと気持ちを引き締めてほしい。今日の試合は勝つには勝ったがあまり良い試合ではなかった。日頃みんなは、練習はよくやっているし、真剣さがあると思うが、練習の方法を工夫してはどうだ」

その後、監督は牧人を呼んで言った。

「同じ練習でも、嫌々やっている練習はだめだ。君はいい素質があるのだから、意欲をもって心から楽しく練習したら伸びるぞ」

牧人は、監督が自分をちゃんと見ていてくれたことに驚いた。そして、自分の練習を振返ってみた。まさに監督が言うように、嫌々やっている練習のようだ。もっと楽しく練習に打ち込んでみよう、と思った。

その後の牧人は見違えるように明るく練習をするようになった。希望をもって前向きに自分からやろうと思って積極的にボールに飛びついていった。ポケットにはいつも、「ワンプレイ入魂」と書いた紙を入れていた。

その成果は半年後に現れた。市内のバレーボール大会が開催された時、牧人はレギュラーとして抜擢された。失敗したらどうしようというようなマイナスの気持ちはもうなかった。その後の活躍は素晴らしいものがあった。牧人のチームは市内の代表チームとして県大会に出場し優勝した。

六　わが長所信じて歩む三十年

自分の短所を改善しようとするよりも、長所を信じ伸展させるようにすることが大切です。短所に着目すると無力感をもち、非力な存在に自分を追いやってしまうことが多いですが、自分の長所を信頼して希望をもって努力し、また、環境に働きかけることによって主体的な活動を取り戻すことができるでしょう。

思春期になった牧人は、どういうわけか分からなかったが、何をやってもうまくいかず劣等感のかたまりになっていた。小さい時の楽しい想い出があったが、だんだん物心がつき出してからは、人生というのはなぜこうも楽しくないのだろうかと考えていた。そして、中学二年生頃から吃音《きつおん》に悩まされていた。「か行」や「た行」で始まる言葉を読もうとしたり、話そうとすると、時々言葉が喉に引っかかってしまって声が出ないことがあった。

国語の時間に先生に指名されて教科書を読むように言われたことがあった。緊張して立ち上がって読み始めたが、案の定「か行」で引っかかってしまって焦った。先生とクラスのみんなが注目している中で、なおさら声が出なくなってしまった。額《ひたい》から冷や汗が出てくるようであった。それはその後も度々あった。

牧人は成績が悪いと気になっていたし、人一倍自分のことが気になっていた。そして、

「勉強は好きな人がやればいい、俺は嫌いだからやらない」

と思い込んでいてやらなかった。しかし、家庭における日曜祭日ごとの田圃《たんぼ》仕事の手伝いは真面目《まじめ》に働いた。このような牧人は三男であったが、他人に貸してあった田畑を取り戻すという家庭の事情もあり、最も勉強が楽な農業高校に進学した。そして、まあまあ楽しく三年間過ごし、吃音のことはそれほど心配しなくなっていた。

牧人は十八歳の高校卒業の年に漸《ようや》く勉強の必要性を自覚するようになった。農作業をするかたわら夜に基礎英語の勉強を開始した。田畑を取り戻し、三年間真面目に働いていた農業に見切りをつけて上京し、大学を出て教職についた。しかし、教壇の上で生徒に話す時にまだ吃音が治っていなかった。劣等感からもまだ抜け出せていなかった。とりわけ勉強嫌いだった小さい頃の基礎学力が劣っていたので、授業の予習を睡眠時間を削り夜遅くまでしても十分な指導が出来ず、

「自分はだめな教師なのだ。申し訳ない」

としばしば思った。

悪戦苦闘して三十年がたった。しかしこの悪戦苦闘は過去の中に実績を見出し、明日の希望を取り込んで現在を豊かにするものであった。その間に分かったことは、

「全面的に自分の全てを伸ばそうと思ってもだめだ。伸ばせるところを伸ばすということしかできない。自分の欠点を改善しようと考えるのではなく、長所を伸展させるようにすることが

大切である」

ということであった。

牧人が主体的な活動を取り戻せるようになった時から吃音の問題は無くなっていた。

七　いかにあれ絵に描いた餅は食べられぬ

日常生活の中で、わたしたちは「絵に描いた餅」のように力のない希望にすがりついて、いきいきした生活を得ることができないでいることがあります。豊かな生活世界の中に安心して生活するためには、苦しいことを避けないで、主体的に努力して得た確かな希望をもつことが大切ではないでしょうか。

牧人（二十一歳）は、郵便配達の仕事をしながら夜学に通っていた。しかし、疲れた身体で夜遅くまで勉強することが出来なかった。また、睡眠不足で出勤してする仕事も無気力になってただ惰性で働いていた。基礎学力が全く不足しているのが決定的であった。無力感、絶望感に捉われていた。自分自身に対する自信を失い、自分には価値がないと思った。

毎日毎日ただ虚しく過ぎゆく時間の中でもがいていた。ふっとやりきれない寂しさに襲《おそ》われるようになっていた。

「一生懸命やっているのに、心が満たされないのは何故か」

考え方や物事の見方に柔軟性が無くなって、抱えている問題を合理的に解決することができなかった。自分は一人ぼっちなのだと思った。牧人は何時の間にか、

「自殺によって、この苦しみを終わらせる」

と思い込むようになっていた。

自殺に傾く過程で、牧人はうつ病の症状を発症していた。そして、精神不安定や不快な気持ち、不安を取り除くために、飲めない体質であったが、アルコールを飲むようになっていた。しかし同時に「生きたい」という願望が存在していて、誰かに助けを求めていた。自殺を考えていることを誰かに気づいてもらいたいという思いもあった。

乱れた生活とうつうつとした気分の中で悩みを反復していた。今の仕事だけではやっていけない。誰かが言っていた英会話の勉強をして海外に飛躍することを考えて将来設計を書いてみたりしたが、絵に描いた餅であった。時間の足りない中で多少の英会話を試みてもらちがあかず、なんの希望も見出せなかった。

一週間は、灰色にくすんだままの虚しい時の経過にすぎないことが多かった。光はあっても自然の草木は輝かず、事物は色彩を失い、ただそこにあるだけのものであった。そんなある時、大学の短歌会の主宰である吉田先生が「牧人君、どうだ短歌をやってみないか」と声を掛けて

下さった。お世話になっていた関係で断り切れなくて「はい」と言った。「はい」と言ったものの何を書いていいのか分からない。さんざん思案したあげく、最近無性に故郷のことが気になっていたその北陸の山に降る雪のことを思い出して書いてみた。

晩秋の空定まりて聞く郷《さと》の山に降りたる初雪の報《ほう》

その後、毎月五〜六首の短歌を提出するようになった。最初は何を書いていいのか迷っていたが、とりあえず自分が住む周りの目に触れるものを短歌にすることにした。すると、慣れない者にとって作歌は少し面倒な作業であったが、目から鱗《うろこ》が落ちるようにすこしずつ今まで見えなかった物事が見えるようになり、四季の移り変わりの微妙な変化が見え始めた。

八　あすの希望ありてぞ力あふれくる

わたしたちが生きる現在は、自分の主観的な時間であり、自分の思いによって豊かなものにも貧弱なものにもなります。それは、過去の経験を意味づけるとともに、未来の新しい希望を取り込むことによって、さらに豊かな幅のあるいきいきした生活がもたらされるからだと思います。

牧人（四十九歳）は大学の事務をしていた。しかし、何をやってもうまくいかなかった。以前、英語の二級検定を受けようと思った。参考書を買い、読み始めた。途中で頭が混乱してきた。語句がなぜこのような順序になるのか、なぜこの日本語がこのような英文になるのか理解できない。〝to〟の使い方がさまざまで一つに決まっていない。英文を訳す時に辞書を引くのが面倒で時間がかかりすぎた。間違いばかりするようになった。そのうち英文を見るのも嫌になった。牧人は英語の勉強を途中で放棄した。

牧人は前から何か一つぐらい検定試験の資格証があればみんなに認められるのではないかと思っていた。仕事でワープロを使い始めた時、ワープロ検定を受けようと思った。家にワープロを置き、練習帳を買い、一生懸命に練習に励んだ。練習は楽しくできるようになり、力もある程度ついてきたように思った。

「よし、受験だ」

第一回目を受けた。誤字があり不合格だった。家で入力練習を一生懸命にして二回目の試験を受けた。今度は誤字は減ったが、図表作成に時間がかかりすぎて不合格だった。図表作成の練習を一生懸命にやって三回目の試験を受けた。しかし、試験ではまったく新しい図表問題が出題された。また不合格だった。

牧人は自分には能力がもともとないのだ、だめな人間なのだと思った。そんな時、職場が変わって事務の仕事をしていた。すると、一人の上司が、

「君は仕事が早いね。ワープロの速さは一番だね」

と褒《ほ》めてくれた。

それから上司の原稿入力の仕事が回ってくるようになった。それを仕上げてもっていく。すると、上司は、

「ありがとう」

と言って喜んだ。英文の入力もするようになった。そして、海外の研修旅行の引率をまかされることになった。オーストラリアだった。今度の英語の勉強は楽しかった。会話の練習から入り、手紙を書き、シドニーの家庭に入った。会話が通じてコミュニケーションがとれるようになった。

牧人は、検定はうまくいかなかったけれど、一生懸命練習したことは無駄ではなかったと思った。

「やればできる」

必要があって一生懸命行えば必ず報われると思った。希望が湧いてきた。それから、牧人は夜学でソーシャルワークの勉強を始めた。五時に仕事を終え、日曜日を除いて毎日、夏休みも冬休みもなく一年間通った。そして一月末に試験を受けた。三月末に合格発表があった。見事合格だった。

一三　生活のリズム

九　リズムもつ母の鼓動を我聞きぬ

胎児は、母の胎内で聞くリズミカルな鼓動の音によって安心を与えられます。また人間は生まれた後もやさしい母なる大地を地平として、自然のリズムの中で生活を展開します。このように誕生の時から生涯にわたって生活リズムを感じて生きることができるのではないでしょうか。

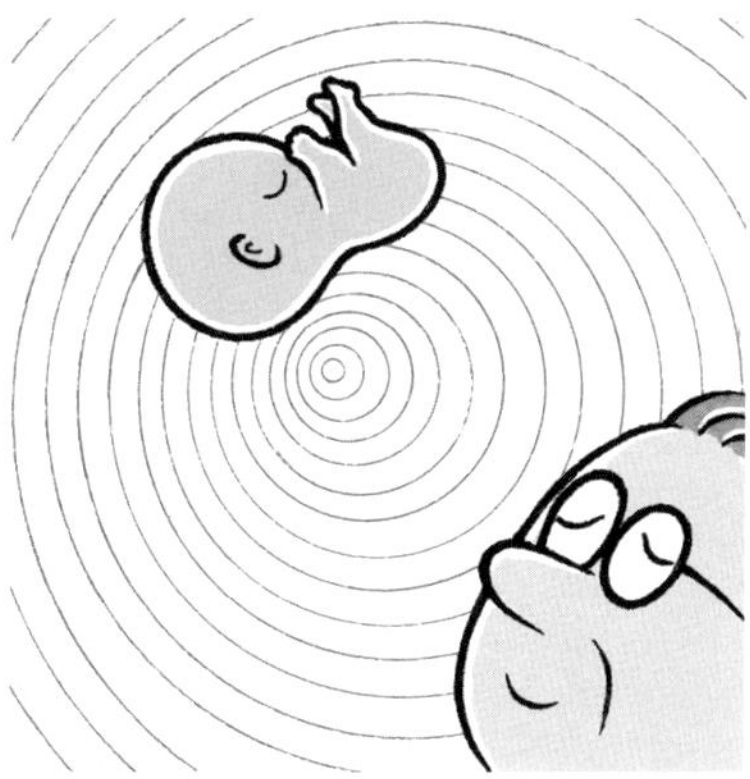

牧人は、高校を卒業して誰もやる者がいなかった家の田畑を耕して過ごしていたが、農業の収支を計算してみて日々の自分の労賃も出ない農業の実態を知った。

牧人は三年目の収穫を終え、我が家の農業に見切りをつけて家を出ることにした。そして、十二月半ばに東京の板橋にある伯母の家に来ていた。東京は田舎と違って、東京オリンピックを三年後に控え、これから経済成長に入る活気が満ちあふれた街であった。

東京の騒音は牧人を緊張させた。初めて東京に着いた朝、赤羽から乗った電車が池袋駅に到着した途端、乗客は殺気立って我先にと降りた。そしてすぐさまホームに待機していた群衆がどっと乗り込んできたのだ。牧人は茫然《ぼうぜん》とそれを眺めていて、降りることが出来なかった。街を歩くと、われ関せずと人々が足早に通り過ぎる。広い横断歩道を渡っていたら停車している車の横から出て来たバイクに撥ね飛ばされた。

牧人は、生活を維持するために郵便局地下室のボイラー現場の作業をしていたが、不規則な生活がたたり、様々な身体の不調があった。病院で検査をしても「異常なし」と言われた。しかし、体の一部が痛くなったり具合が悪くなったり精神的に落ち込んだりした。いくつかの身体の不調が重なって症状が出たり消えたりしていた。時々頭重感があり、耳鳴りがあった。口の乾きも覚えた。のどにも圧迫感があり、時々動悸を感じた。めまい、立ちくらみがあった。

そのような牧人であったが、夢を目指して勉強に懸命に励んでいた。その間に時々懐かしく思い出す故郷の山並みがあった。石川県の白山の峰々が連なる故郷の、野鳥のさえずりや雪解け水のせせらぎの音を思い出していた。

牧人は今日も仕事を終え、疲れた身体でアパートに帰ってきた。食事の後しばらくして聖書を読み始めた。睡魔に襲われ、うとうとしていると、何かこみ上げる温かいものに心が満たされ、畳に腹ばいになって、熱い涙が止めどもなく流れ頬を伝わるのを感じた。遠い、遠い昔のことを想い出していた。夕焼け空に多くのトンボが舞い空を埋め尽くしていた。ランニング姿の小さい子どもの自分は、兄たちの間に立って空を見上げていた。側には小川が流れ、やがて夜には多くの蛍がほのかな明かりを夜露がいっぱい降りた青草のあちらこちらに輝かせていた。

その蛍を畑からとったネギの中に入れて家に持ち帰った。

このような記憶をたどっていると、自分が乳幼児であった記憶しているはずのない母の懐にいる時の感じがよみがえってきた。さらに加えて、母の鼓動が聞こえ、リズミカルで太いベース音で「ドン、ドン。ドン、ドン」と地を揺るがすように聞こえてきた。

胎内音には母親の健康状態、精神状態などさまざまな情報が含まれていて、母親が精神的に安定している時のリズミカルな鼓動は、胎児に安心感を与えます。母に抱かれて母親の鼓動や声が「体感音響振動」として伝わると安心し眠ったりします。この状態が人間にとって最も心地よいリラクゼーションの原点です。人間は成長するにつれて、胎児期のことは忘れてしまいますが、意識はしていなくても、胎児期の胎内記憶は残っていて、体感音響振動を伴った音や特に重低音を伴う音により胎児期と同じようなリラックス状態に導かれることがあるといいます。

牧人は夢から覚めてすぐこの不思議な経験を日記帳に書きとめた。次の日から牧人は自分の内にリズムを感じながら生活をした。体調が回復して、身体が自然と動くようになり、楽しく仕事が出来るようになった。通勤途中の道端の草花を見るときも感動をもってみるようになっていた。

一〇　みちてくるリズムのありし朝の海

あくせくして日々の忙しい仕事にふりまわされたりしているとと気づかないですが、思い切って大自然の中に飛び込んでみますと、自然の中に音楽があることに気づきます。天空の音、海の音。山が叫び、林が囁く。それらを私の体は音楽として感じることが出来ます。また、内なるリズムと波長が合う時に安心感が与えられます。

理想の教育を目指して教師として入った女子高教育は、牧人が考えていた教育にはほど遠かった。そこに待っていたのは、良妻賢母と称した伝統的な生徒指導と徐々に中心となっていく大学受験のための教科指導であった。牧人（二十五歳）は、その日々の仕事に追われ、教科指導の準備もままならない状況で四苦八苦する日々であった。

しかし、このような中でも、やがて牧人は学年主任をしたり、ブラスバンドの顧問をするようになっていた。十数年が経った。牧人は結婚し、家庭は子どもが三人になり五人家族になっていた。

牧人は家族を連れて沖縄の海に来ていた。青く澄んだサンゴ礁の見える海岸には打ち寄せる波のリズムがあった。牧人は長女の裕子と長男の洋の三人でその場に立っていた。末子の薫は母とホテルに残っていた。

裕子は、地域の高校を卒業して保育専門学校で二年間学び、東京都世田谷区の保育園に就職した。最初から熱心に仕事に打ち込み二年経っていた。乳幼児保育の毎日の記録に睡眠時間を削って取り組んでいたが、

「書けない。もう書くことがない」

と言って悩んでいた。そして、三年目に入り〇歳児の担当になった頃から、病気がちになり精神症状を訴えていた。焦りと不安感・感覚過敏・集中困難・気力の減退などがあった。うつ病や不安障害の症状と似ていた。初めてだったので家族も心配した。最近特に不眠・食欲不振・頭痛など自律神経を中心とする身体の症状を訴えていた。

牧人は、なんとかしなければと思い、冬期休暇を利用して家族揃って沖縄に来ていた。一月の綺麗な海を前にすると大いに人類の原始記憶を呼び起こされたかのように感じた。

「ヤッホー。これが海の匂いだ」

「そうだよ。洋！」

「ねー、お父さん。海は広いね」

「うん、広いね」

三人は砂浜に立って海を見つめ匂いを嗅いだ。足元に砕けた波がスーッと打ち寄せる。その透き通った綺麗な水の底に貝殻があるのが見えた。波は繰り返し繰り返し、押し寄せて返す。返していく時は引き込まれそうになることに抵抗しながら、三人は波のリズムの中に浸っていた。

夜になって牧人は一人で宿を出た。海の波の音が聞こえていた。空には多くの星がチカチカ輝いている山沿いの道をぶらぶら歩きながら、天体の音楽を感じていた。遠いかなたのカシオペヤからやってくる音波や、水星、金星などの太陽の惑星の奏でる音楽、すなわち、耳で感知する周波数の音波以外のものも別の形で感知していた。牧人は歩きながら、天体の音楽と海のリズムが結びつき、リズムの根源性がこの宇宙の中に存在していることを感じていた。

次の朝太陽が昇ると、家族全員で海岸まで行った。砂浜に立つと太陽の光で海の波頭がきらきらと輝いてまぶしい。朝の海はさわやかな風の中に潮の匂いを包みながら、昨日と同じリズムをもって打ち寄せていた。

二　さりげなく日常生活リズミカル

生活リズムは、生活全体にわたり安定して繰り返される活動と休止の時間的パターンで、生活リズムが崩れると体調を崩すと言われます。活動と休止の関係は人の呼吸に近く、両方の組み合わせがあって初めて成り立ちます。休止が果たす役割は重要でリズムの根幹となっているようです。

牧人は定年を迎える前から仕事をしながら、夜に精神保健福祉士の養成校に通った。学習を続けながら、長年、教育とは何かという命題を考えていた。

「今まで教育についてはっきりした信念がもてなかった。健康な身体と共に、のびのびと自由に活動し、より良い社会参加をすることに人間らしい生活があり、精神保健福祉の中に本物の教育があるのではないか。障害者のみならず全ての人々にこのような支援をすることが真の教育ではないか」

牧人は、精神保健福祉士の国家資格をとり、定年後は地域の福祉の現場に入った。子ども三人は次々と独立して家にはいなかった。

その朝、五時三十分頃に起床して、ほどなく寒くないような格好《かっこう》で散歩に出た。散歩道は家の前の道路を越えた流山市の駒木原と呼んでいる所であった。そこには大堀川があり、鴨《かも》が泳ぎ、白鷺《しらさぎ》が飛んでいたり、すらりとした長い足で格好よく立っていた。またキジが時々、

「ケーン、ケーン」

と鳴き、コジュケイが、

「チョットコイ、チョットコイ」

と大きな声で鳴いていた。五月の空にはヒバリが囀《さえず》り、時にオオルリが、

「ツッツカ、ツッツ、ツッツッツー」

とリズミカルに鳴く。その自然のリズムに合わせて四十分から一時間ほど、身体の心肺《しんぱい》機能

に応じた適度なウォーキングをして帰ってきた。

七時過ぎに妻が用意してくれた簡単な朝食をとり、身支度とその日の仕事の資料を整えて玄関を出た。朝の太陽の光をうけ玄関前の二本の椿《つばき》がつやつやと輝いていた。その椿の左右の小さな畑に二十本くらいのチューリップの花が咲き、側に大輪の芍薬《しゃくやく》が咲き始めていた。軽自動車のエンジンをかけると快適な音で車の調子がよいことがわかった。出発。

午前中の相談業務の仕事は職員同士の打ち合わせから始まり、障害を抱えた人との面談を一生懸命行い、支援計画を作成し、またモニタリングを行う。お昼は事業所のメンバーと一緒に、メンバーが調理した食事を楽しむ。

午後の仕事は午後四時半までに終わらせようと懸命に行い、時間が来て帰り支度をして外に出た。手賀沼近くの路を車を走らせ帰路につく。初夏の太陽はまだ明るく、西に傾いた太陽がまぶしい。家々を照らし、人々の暮らしぶりが浮かびあがっていた。

家に着いて、ちょっとしたティータイムをとった。夕食前と夜の時間は書斎で諸々の準備の時間であった。障害をもった方々のいきいきした生活再生の方法を具体的に考え、心配ごと相談に見える方の生活に行き詰まったところからの方策を考えた。そして、やがて障害者福祉の分野で活躍するであろう人たちの教育の内容を整え、週一回の講義の準備を時間をかけて行う。また、一貫して続けているのは、『いきいき生活かるた』作りの楽しい作業であった。

夕食は七時で、大体八時頃までテレビを楽しみ、再び書斎にこもった。

妻との約束の九時三十分になり、妻とともに詩編と聖書を交互に読み、讃美歌を心はずませて二曲歌い、静かに主の祈りをして一日が終わった。

日中の活動の疲れが大きければ大きいほど睡眠は深い。

二章　安心できる空間（ここで）

安心できる空間とは、自分が主体的に活動できる**能動的空間**のことで、自分が心地よいと感じる世界でもあります。例えば自分があるがままの自分でいられる自分の部屋であるとか、夕食時にみんながテーブルを囲んで楽しく団欒ができる家庭であるとか、親しい友だちといる学校のキャンパスだとか、思いのままに働くことが出来る職場や親しい人々に囲まれた老人ホームの中です。

この安心できる空間とは、母なる大地を意味する**地平**によって支えられています。その地平を構成するのは、乳幼児では両親や両親に代わる人ですが、成長していくにしたがい友人がその役割を果たすようになり、成人になると自分の思想や信念、信仰といったものも地平を構成します。やがて、自分の子や他の人の地平となっていきます。

その空間でわたしたちは自由に活動し、生活の旋律・メロディを奏で楽しみます。**生活のメロディ**とは、わたしたちが認知する様々な活動が、のびのびと生活空間に自由に展開する連続的な流れとして感受するものです。そこでは様々な経験は言語化され、音楽性を伴った生きられた経験となります。

能動的空間

明るい

生活のメロディ

地平・支援・信念・信仰

暗い

受動的空間

二一 地平・支援

一 ちへいありチルチルミチルも帰り来ぬ

二 ほのぼのと心のなごむ人のいて

三 まんかいの花咲く道をウォーキング

四 もの悲し涙心も受容せり

二二 能動的空間

五 のどかなる家庭の猫の野良遊び

六 せまき門通りし後の笑い顔

七 きぶんよくおしゃべり続く部屋の内

八 レクリエーション、マンネリ世界に変化あり

二三 生活のメロディ

九 ねいろよきメロディ生活のバリア越え

一〇 くるしみのベッドのメロディ水を飲む

一一 メロディの盛り上がりたる最終章

二二　地平・支援

一　ちへいありチルチルミチルも帰り来ぬ

地平は、「やさしい母なる大地」と表現できるように、親しい人による支えや自分の信念や信条等による支えによって構築されています。その地平の支えがなくなると人間は危機的状況に陥ることになるでしょう。

牧人の祖母の話によると、当時、祖母の弟は明治天皇直属の軍人である近衛兵《このえへい》として日露戦争に行き、戦死したために町中で盛大な葬儀が行われた。その由緒ある家を守るため、隣町に嫁に行った祖母が、結婚二年目にして一人息子を連れて家に戻った。その後祖母は再婚することはなかった。その一人息子が牧人の父である。家は母屋《おもや》から所帯出《しょたいで》となった田畑の少ない五《ご》反百姓《たんびゃくしょう》で経済的に恵まれなかったので、父は勉学を志し、学校が学資を支給する尋常師範学校に入った。卒業後数年して女教師であった母と結婚した。

母の実家は代々仏御前《ほとけごぜん》の仏像を守ってきた家柄であった。仏御前は十七歳にして平清盛の寵愛《ちょうあい》を受けるが、みずからの栄華にむなしさを知り出家、祇王寺《ぎおうじ》へ。やがてふるさとへ帰り、二十一歳の短い生涯を終えたという。原町では町内の家々が交代で尊像《そんぞう》をお預かりし守り続けてきたのであるが、現在は母の実家の広間に安置されていた。

警察官であった父の二女として生まれた母は、戦前に教育を受け、教員になった。母は父と結婚して五人の子どもを産んだ。その三番目が牧人であった。

牧人は、そのようにして与えられた自分の生を支える地平を知る由もなく、時は正に太平洋戦争に突入する時に生を受け、その後の日本の敗戦に到る時期を食べることもままならぬ状況の中でなんとか育ち、戦後、自由放任のように見えた小学校に入学して遊び呆《ほう》けていた。

牧人は休み時間になるのを待ち構えていて鐘がなるや直ぐに校庭に飛び出し、休憩時間目いっぱい遊んだ。校庭には所狭しと沢山の子どもたちも遊んでいた。家に帰ってからも夕方暗くなるまで遊んだ。戦後教育の教員総ざんげの時期であり、父は勉強しなさいとは言わなかった。宿題が出ることがあっても、まったく家庭学習はしなかった。小学校五年生の時に実力テストが実施された。小学一年生レベルの問題にはクラス全員が合格した。小学二年生レベルの問題ではクラスで三人不合格者がいた。牧人はその内の一人であった。それは中学校でも同じだった。初めて英語の勉強が入ってきた。半年間は楽しいと思っていたが、その後つまらなくなった。何のために勉強するのか分からなかった。まして、英単語の暗記等の受験のためのスパルタ教育には馴染《なじ》めなかった。数学も基礎的な部分が欠けていて解らなくなった。

「牧人は良い子だね。いいんだよ。家の農業をすればいいよ」と父は言っていた。子どもの中で誰か一人は農業に従事して貸してあった農地を取り戻す必要があった。

牧人はその気になって、入試も易しい農業高校に進学して三年間楽しく過ごした後、農業に携わることになった。ところが、そこでようやく牧人は父と母が歩んだ勉学の道の必要性を感じ始めた。

二　ほのぼのと心のなごむ人のいて

心の健康の中心的課題は人のようです。相手をそのまま受容することのできる人がいること。例えば、支援者が福祉施設において黙ってお掃除から始める。あなたを受け入れますよという環境を作り、心のゆとりをもつことのできる人。そのような人の存在が人の心をほのぼのと温かくしますよね。

牧人（二十二歳）は、板橋郵便局徳丸分室の郵便配達をやめ、勉強一途に打ちこむために大学近く、安い下宿を探していた。ある日、総武線小岩駅の近くで部屋を貸している武藤さんの

家に来ていた。武藤さんは江戸川教会の創始者で、教会の長老をしていた。応接室で穏やかに牧人に教会に来ることを薦めた。牧人は武藤さんの部屋に入居した。そして、教会に行くようになり、毎晩聖書を読むようになっていた。

その日、牧人は「ローマの信徒への手紙」五章を読んでいた。

「わたしたちは知っているのです。苦難は忍耐を、忍耐は練達を、練達は希望を生むということを。希望はわたしたちを欺くことがありません。わたしたちに与えられた聖霊によって、神の愛がわたしたちの心に注がれているからです。」

ここまで読んできて、牧人は止めどもなく流れる熱い涙が頬を伝わるのを感じながら、一切の過去を清算して神を信じた。そして、一九六四年三月二十九日江戸川教会にて洗礼を受けた。

牧人が教会に行くようになった最初の頃、青年会が活発で、夜にクリスマス祝会を行って盛り上がっていた。その中に飛び入り参加したのが教会の長老である石塚さんであった。その石塚さんがレクリエーションの椅子取りゲームの鬼になった時、みんなの輪の中でふと立ち止まった。

「今日、私は赤いネクタイをしてきました」

と自分の赤いネクタイを指さし、

「今日は私の誕生日です。また、私は毎日がクリスマスだと思っています」

とおっしゃった。石塚さんの目が輝いて青年のように見えた。

牧人は、その数年後、一九六六年五月一日、古い木造の教会堂で牧師の司式によって結婚式を挙げた。その時、教会代表として石塚さんが出席して下さった。石塚さんは「コロサイの信徒への手紙」三章十三〜十七節を引用して祝辞を述べられた。当時の『愛しちゃったのよ』という流行歌を紹介して、

「信じちゃったのよ、信じちゃったのよ。命をかけて信じちゃったのよ。愛したのよ、感謝したのよ、いつまでも」

という内容でメリハリのはっきりした素晴らしい祝辞をされた。披露宴の参加者は大爆笑であった。

蓄えの一切無かった新婚夫婦は、教会近くのアパートの六畳一間に住んだ。翌年、長女が与えられ三人家族となった。六畳一間に箪笥《たんす》があり、食事の時にちゃぶ台を出し、夕食後は勉強机になった。お勝手は畳一畳ほどの広さであった。そのような状態の中、一年半ほどで妻は二人目の子どもを身ごもった。牧人は、何とかしなければと、二部屋くらいのゆとりがあって、安く借りることができるアパート等を探し回っていたが、その窮状《きゅうじょう》を察して、石塚さんが救いの手を差し伸べた。

「牧人君、戦後のバラック建ての古い家だが、八坪の土地があるがどうだい」

牧人は早速職場である学園からお金を借り、その他親戚から少しずつ借りてそれを買った。六畳間に二段ベッドが置いてあり、その他三畳間があり、お勝手の板戸をくぐって入る土間に風呂桶があった。

数年後、石塚さんが天に召された。牧人夫婦は石塚さんの奥さんを訪ねた。習志野自衛隊前の畑の中に弟さんの家があり、その裏手の二部屋が住まいであった。その時、

「全部財産を取られたのよ。バカみたい」

と奥さんはおっしゃられた。

石塚さんはかつて友人の保証人になったために、戦前からソバ屋を経営して蓄えていた全財産を取り上げられていた。男の人の決断は、時に家族の犠牲を強いることがあり、奥さんに多大の苦労をかけたのであろう。しかし、その時牧人は、苦難の中から石塚さんの忍耐強い信仰と他の人を愛する信念が養われていたこと、そしてそれが牧人たちにも注がれていたことを知った。

三　まんかいの花咲く道をウォーキング

花が咲くような優しい自然環境から、わたしたちは感動を与えられます。それは、そこからわたしたちは、自然や環境のもつ力を取り入れ、自分の中の力を引き出すことが出来るからだと思います。

牧人（五十三歳）は大学の事務職員をするようになって、二十数年間住んでいた船橋市から、柏市に引っ越してきた。そこは柏市豊四季、家の前は大学がある流山市駒木で、この辺りの土地は利根川と江戸川がもたらした養分豊かな黒土で、この水と土と光に育まれて多くの四季おりおりの草木が豊かに繁っていた。昔は馬の放牧場だったらしい。江戸川の土手はなだらかなスロープを描き、春になるとタンポポなどの沢山の草花を咲かせた。

牧人は短大の学長が主宰する、せせらぎ短歌会に入り、創作活動を行っていた。まず自分に備えられた豊かな自然環境の中に毎朝、時には夕方から進んで入り、散歩をしながら素直な心でその対象を短歌に詠むことを始めた。

夜の道森影深く雨蛙鳴きどよもして梅雨の来たるか

牧人が勤めている大学のキャンパスの中央通りに植えた数本の欅《けやき》が十メートル程の高さに育っていた。春になると淡く柔らかい黄緑色の新葉を萌えるように一斉に吹き出し、日毎に緑を変化させていく。左右の枝は数年前にまだ空を塞《ふさ》いでいなかったが、今では緑の屋根としてアーケードを形づくっていた。それが日毎に変化して一雨ごとに緑が濃くなり、葉の大きさも増していく。梅雨に入り雨に煙るようになると、大量の水分を得て枝葉は見る見る大きく育った。炎天の続く夏には黒ずんで豊かな葉が空間に所せましと溢れてきた。

初秋の頃にはその黒さが増して固くなって、学園祭が終わり、秋が深まる頃には葉の色は赤味がかり、やがて紅葉が始まり、冬将軍がやってくると一斉に落葉した。

かさかさと音は切れずに紅葉の静かなる朝空に舞ひ散る

初冬の太陽は丁度学園の大通りをまっすぐに正門に向かって没するようになった。講義が終わって帰り行く学生たちの姿が、欅の木立を通して今にも没せんとする太陽の中を影絵のように動いていく。

冬木立《こだち》真っ赤な太陽傾きてセロハン影絵の人影の行く

短歌を作り続けるようになって、牧人の目から鱗《うろこ》が落ちるように、少しずつ今まで見えなかった物事が見えるようになった。四季の移り変わりの微妙な変化が見えてきた。謙虚に心を正し、物事を見抜く目を持つことによって、この宇宙の森羅万象《しんらばんしょう》の中にある真実に触れてきらきらと輝く多くのものを与えられるようになった。四季おりおりの草木に鮮やかな色彩の花が散りばめられて、牧人の生活に豊かな潤いが与えられた。

四　もの悲し涙心も受容せり

受容はソーシャルワークの基本原則です。悲しみがあればその悲しみのまま受容することによって、その人は、あるがままの自分を表に出すことに安心感をもち、自分の問題と自分自身に向き合うことができるようになります。

牧人（六十二歳）は、自宅で末娘薫の小さい頃からの教会学校の友達の早苗ちゃんの母の話に耳を傾けていた。彼女は一人娘の早苗ちゃんが白血病になって、もう回復の見込みがないことについて涙ながらに話していた。

「早苗は三月二日に入院し、その翌日から最終治療に入りました。この処置の時、何度もやり直しがあり、処置を終えて出てきた早苗は全身汗びっしょりで口も利けない状態で、唇を震わせながら泣いていました。治療するためには、こうしたことにも耐えなければならないのでしょうか」

牧人は黙ってうなずきながら聴いた。返事のしようがなかった。

「クリーンルームには二十日間いて一般病棟に移されました。そして今回もやはり骨髄中の白血病細胞をなくすことはできませんでした。もう他の治療法は残されていないのです」

母はまたハンカチで涙をぬぐった。そして、また、話しだした。

「病院の先生は私と娘にこう言いました。『今回の治療でも悪い細胞をなくすことができませんでした。これからは悪い細胞が増えたらそれをたたいていくだけの治療になります。治療がだめだったと聞くと多くの人は民間薬に走りますが結果は同じです』十四歳の子どもにこのような死の宣告をしたのです。私は呆然とし、早苗は涙を流しました。先生が立ち去られても早苗は長い間席を立てずに泣いていました」

牧人はただうなずきながら聴いていた。

「今、早苗は家にいます。牧人さんに会いたがっていますので一度会ってやってほしいのです。いかがでしょうか」

「そうですか。わかりました」

牧人は了承した。

数日後、牧人は早苗ちゃんを訪問した。早苗ちゃんは親しいおじさんに会えたこともあってか比較的明るい表情で、入院中に書いたという日記帳を見せながら話しだした。

「六月の九日の朝ごはんではね、おみそしるの具とオムレツ一口。その後、体をふいて、それから採血しました。昼ごはんはね、パン一こ。夜ごはんはごはん三分の一と、ししゃも、ほうれん草、さといも、それにトマトは美味しかった。胸の痛みがあって、昼間はいいのですが夜にすごく辛くなります。右足のひざこぞうのところ腫れているの」

牧人は心にこみ上げるものを抑えながら、

「早苗ちゃん、つらいでしょうね。だけど早苗ちゃんはがんばっているんだね」

と言った。ちょっと間があって、早苗ちゃんは、

「それからね、看護婦さんにね、もう心の整理ついたのって聞かれたんです……」

と言って寂しそうに笑った。

牧人は、どのように返事をしていいかわからなかった。涙が頬を伝って流れた。

その後しばらくいて帰る時、牧人はベッドの側でお祈りをした。

「天の父なる神さま。あなたが十字架の贖《あがな》いによってわたしたちのすべての罪を赦し、復活によって新しい命をお与えくださいましたことを感謝いたします。どうぞ今ここに苦しみを経験しております早苗ちゃんの苦しみを和らげ、その苦しみを乗り越えていく勇気と力をお与えください。イエスさまの御名《みな》によって祈ります」

早苗ちゃんは小さくうなずき、「アーメン」と唱和した。そして、

「おじさん、ありがとう」

と笑顔をみせて手を出した。牧人はその手を温かくしっかり握ってから帰った。

二二　能動的空間

五　のどかなる家庭の猫の野良遊び

のどかなる家庭とは、子どもの欠点を見て注意ばかりするのではなく、意欲を引き出すような、温かい思いやりの心をもち、自立を妨げない謙虚さをもった家庭だと思います。その中で子どもは互いに信頼関係を築き、のびのびと大きく育つにちがいありませんね。

牧人が誕生した家には柿の木があった。その柿の木は、古い大きな木で、家を建てる前からあったもので、屋敷の真ん中にあるその木を境にして家は直角に曲がり、離れに続いていた。そのために、成長する柿の木の太い幹と角に接触している屋根瓦がしっくり収まらず、雨漏りの原因になっていた。しかし春には幼い葉を沢山繁らせ、秋には、やや渋いものもあったが、たくさんの実がなった。村の春祭りには、毎年、母がササの葉と共に艶々したこの柿の葉を使って押し寿司を作ってくれた。その葉の中に甘酸っぱく味付けされた寿司を入れ、一晩重《おも》石《し》をのせて寝かせたものであった。食べると寿司の味と共にさわやかな葉っぱの香りが体に染

み込んでいくようであった。秋には、縁側のすぐ前の金木犀《きんもくせい》が花を咲かせた。季節風が吹き出す前の北陸の一時安定した秋の期間で、金木犀は花の咲き始めから高い香りを庭いっぱいに漂わせ、家の中にも入ってきた。

戦前戦後と、貧しい経済事情であったが、なんとか家庭は立ち直りかけていた。日中は、父も母も子ども五人も出かけ、家には祖母一人が家の番をしていた。牧人が小学校から帰ってくると、大きな蒸《む》し鍋にお芋がふかしてあった。それがおやつであった。ふたを開けて美味しそうなものを取って食べた。牧人は勉強があまり好きではなかったし、誰も「勉強しろ」とは言わなかった。夕方暗くなるまで遊ぶのが日課であった。

村中の子どもたちが遊んでいた。一カ所に集まり、上級生がリーダーになって、縄跳びをしたり、缶蹴りをしたり、道路に円を描いて少々難しい石蹴りなどを夢中になって行った。夕焼けになり暗くなり始めると家にそれぞれ帰っていった。

夕食は家族全員そろって御飯を食べた。畳の居間に囲炉裏《いろり》があり、その側に低いちゃぶ台を置き、その向こう側に子ども五人が座る和式テーブルがあった。貧しい田舎の食事であったが、みんなおとなしく食べた。魚料理は一週間に一度ほどあったが、肉料理は年に一度か二度しか出なかった。ある時、父が何かのお祝いでやや大きい饅頭《まんじゅう》をもらってきた。一個の饅頭を子どもで分けることになった。この一個を五等分するのが難しい。長兄が包丁で五等分にするのを全員で睨《にら》んでいて、切るやいなや、我先に大きいのをつかむために手を伸ばした。

牧人は成人した後、のんびりして、のどかであった子ども時代を懐かしく想い出していた。

六　せまき門通りし後の笑い顔

わたしたちは、どのような苦境に立つ時でも、社会の片隅やどこにいても、能動的に自分の出来ることから活動し、参加することによって、心身機能を増進させ健康で楽しい生活空間をもつことができるようになるでしょう。

牧人（二十一歳）は、伯父《おじ》の斡旋《あっせん》で板橋郵便局の地下室にあるボイラー室で働いた。ボイラーの管理者は映画『キューポラのある街』を作った浦山桐郎監督の父であった。

『キュウポラのある街』作りし監督の父と二人で地下に働く

翌年四月から板橋郵便局徳丸分室に移り、赤自転車に乗り郵便配達をすることになった。伯母の家を出て、三畳一間のアパートを借りた。夜は、御茶ノ水にある大学の夜間部に入り、通い出した。

ある日、片手に郵便をもち、練馬大根畑のある道を自転車に乗って午前中の配達をしていた。配達がほぼ終了する頃、一人のおばあさんに道を尋ねられた。自転車を止めてよく話を聞くと、近くの家を捜していたことが分かり、自転車を押して歩きながら道を教えてあげた。

郵便を片手に自転車に跨りて練馬大根畑道《はたみち》を行く

数日してから、そのおばあさんから感謝の手紙が郵便局に届けられた。しばらくして室長から呼び出され、

「先日のことを郵政局に連絡したところ、表彰することになった」

と言われ、一カ月後表彰を受けた。

夜学の講義に出席して家に帰ってくるのは夜十一時近くになることが多かった。それから予習、復習があったが追い付かず、翌日の仕事もあり、朝は眠たい目で起き出し出勤した。給料が安く苦しい生活の上に、学生としての授業料と教材費の出費があった。一週間百円きりでパンをかじり過ごした。

一週間百円きりの三畳間パンをかじりて飢餓を凌げり

夏になって冬の背広を質草に質屋に通いお金を借りた。三畳一間のわび住まいの冬の夜など寒さの中でインスタントのラーメンをすすって過ごしたこともあったが、ラーメンの味は格別

に美味しかった。

　夕寒く金子《きんす》乏しい打ち侘《わぶ》の一間アパートにラーメンすすれり

ある時、教壇の明かりに照らされた一人の教授が椅子に座り、数少ない学生相手に静かに心を語ってくれた。それを聴いて牧人は胸にじーんとくるものを感じた。

また、男女の友だち同士の青春の孤独を癒やす交わりがあった。毎晩講義終了後、大学の地下室にある狭い部活の部屋に集まって、わいわいと賑やかに英会話のサークルに参加した。英会話とは名ばかりで日本語の冗談ばかりとばしていた。しかし、時に舞台で英語討論会を行った。牧人も参加したが相手が優秀な学生で英会話の内容が難解で理解できなかった。学園祭に参加した時には、数日間徹夜をして、日米の風習の違いについて発表をした。

日中仕事に追われ講義に欠席することの多い苦学生であったが、新年のクラス会等には共に集いほとんど全員参加して楽しく盛り上がった。

　苦学生共に集へり新年のクラス会食笑顔あふれて

七　きぶんよくおしゃべり続く部屋の内

客観的には空虚な時間と空間であっても、自分の気持ちを込めた活動をすることによって、いきいきした時間と空間になる可能性をもっています。そして、その中で友と喜びを分かち合うという有意義な関係性をもち、楽しい空間をもつようになるでしょう。

牧人（六十七歳）は、晴れ上がった常磐道を東に向かって車を走らせていた。豊かな水が悠々と流れる利根川を渡り、田園風景が広がる中になだらかな稜線を描いている筑波山を眺めつつ常総市を走り、鬼怒《きぬ》川の橋を渡って大生郷《おおのごう》町にある軽費老人ホームに着いた。ここで隔月に短歌会を行っていた。すでに六年ほどたっていた。

老人ホームの玄関に着くと、美津子さんが待っていた。

「美津子さん、お早う」

「あのね、昨日、病院行ったの」

「どうしたんですか」

「階段から落ちて、腰を打って、怪我したの。痛かったよ」

「ほんとう！　今日は大丈夫ですか」

「うん、今日は大丈夫」

美津子さんは、四十名ほどの入居者の中では、マイペースで動き回って有名なメンバーである。時々転んで怪我をしたりするので、職員も注意していた。病院通いと、食べることと、カラオケとお風呂が大好きな美津子さんであった。

「美津子さんの歌をしおりに載せてあるよ」

「そう、どれ、見せて」

まだ、短歌会が始まる三十分も前であるが、二人で話し始めた。そのうち、一人、二人と短歌会のメンバーが集まってきた。出来るだけみんなでおしゃべりして、その日の波長を合わせる。短歌クラブの担当職員が到着して、総勢九名の短歌会が始まった。職員は新しい担当者ということで自己紹介した。牧人は、改めて短歌会のもち方を説明した。

「みなさんが出来るだけ豊かな生活が出来るように、みんなで短歌を作り、みんなで感想を言いあいましょう。あまり批判しないで、良いところをみんなで褒《ほ》めて下さい。それでは始めましょう」

職員が司会者になり、短歌作品を二回ずつ朗読して、みんなの感想を聞く。作者本人の話も交えて、最後に牧人が意見を述べて、次に行くという順序であった。美津子さんの短歌になった。

カラオケを楽しむ後にあらきやでお昼おいしく食べて帰りぬ

からあげの御飯を食べてソーダ飲む後の紅茶も飲みて楽しむ

これは、美津子さんが必死になって用紙に長々と書いた文章を、牧人が何回か読んでまとめて、歌にしたものであった。司会者が読み上げると、美津子さんは得意そうな表情になった。みんなは日ごろの美津子さんを知っているだけに短歌になっていることに驚いた。

「美津子さん、素敵だわ」

「だけど、美津子さんの歌はいつも食べることが多いわね」

と誰かが言ったので、みんな大笑いになった。しかし、優しい笑いであった。

八　レクリエーション、マンネリ世界に変化あり

レクリエーションの目的は生活の再生です。自発的に楽しみ遊ぶことの効用を意識的に取り入れ、集団の中を能動的空間に変えることを目指しています。このことによって、一人ひとりが仕事するにも学習するにも絶えずリフレッシュして取り組むことができるようになると思いませんか。

就労移行支援事業の活動は県立柏の葉公園の近くで、広い柏東大キャンパスの草木が繁る空き地を前にした就労センターの一室で行われていた。

牧人（六十七歳）は、最近話をしてもメンバーの反応はややにぶく、中には途中で居眠りする者もいて、グループの活力が少々なくなっていると感じていた。

「ちょっと、マンネリ化しているかなー。今日は、最初にレクリエーションの『大嵐』を取り入れようか」

牧人は出席した八人のメンバーに、

「今日は最初にレクリエーションを行います。机を隅の方に片付けて、椅子だけで部屋の真ん中に輪を作って座って下さい」

と指示をだした。そして、皆が座った輪の真ん中に立って、

「これは椅子取りゲームです。皆さんが座っている椅子は全部で八個あります。それを、立っている私を含めて九人で取り合います。最後に座れなかった人が鬼になります。最初私が鬼をやりますが、鬼になった人は真ん中に立って、まず『あらし、あらし』と言います。その後で、『大嵐』と言ったら、全員が自分の席を移動しなければなりません。『大嵐』でなく、『シューズ履いている人』とか何でも気がついたことを言ってかまいません。その場合は、それに該当する人だけ移動します。さあー、始めましょう」

と説明して、牧人はみんなを見回してから言った。

「あらし、あらし、大嵐」

全員がいっせいに立ち上がって、ぶつかりあいながら席の移動を開始した。その混乱の間に空いた席に牧人が座った。最後に座れなかったのは裕司だった。

裕司は交通事故で脳挫傷《のうざしょう》と全身打撲によって心身ともに障害を負っていた。五年間の闘病生活の後、ここにきている。体重は九〇kgを超える大柄な身体で、立ち上がっても、杖をついて一歩ずつゆっくり歩く。座れなかった彼はしょうがないといった顔で言った。

「あらし、あらし、朝食でパンを食べた人」

すると三人立ち上がった。そして、裕司が座るのを見ながら、自分たちで席を争った。恵《けい》が鬼になった。恵は言った。

「あらし、あらし、家に猫のいる人」

すると半分くらいの人が立ち上がって、移動した。恵は大の猫好きであった。このようにして、みんな楽しくなって必死になって席を取り合った。

ある程度経った頃、光彦が鬼になった。光彦は身体がやや小さく体力がない。光彦はしばらく考えてから言った。

「あらし、あらし、身長一六〇㎝以上の人」

すると、四人立ち上がった。その中に裕司も牧人もいた。

牧人は他の三人が席を取るのを見て、

「それでは、ここまでにしましょう。今座っている状態で今日の班をきめましょう」

「はーい」

みんな笑顔で答えた。牧人はメンバーを左右に半分ずつに分け、作業に入っていった。

二三　生活のメロディ

九　ねいろよきメロディ生活のバリア越え

生活のメロディは、自由なのびのびとした活動から生じます。それは、生活空間にあって異なるいくつかの生きられた経験が前後にあり、生活のリズムに従って進行する連続的な流れです。いきいきした生活メロディはわたしたちの神経細胞や免疫細胞等にスイッチを入れ活性化していきます。

就労移行支援事業所の康夫《やすお》は、中学校の時にみんなからいじめられた経験をもっていた。高校に入学しても不安感があり、気分はうつ的で何をしても面白くなかった。高校卒業後、しばらくアルバイトを始めたが、幻聴、関係妄想があり、対人関係に疲れることが多かった。誰もいないのに人の声が聞こえてきた。ほかの音に混じって、

「お前は馬鹿だ」

「あっちへ行け」

それに、

「今トイレに入りました」

と本人を監視しているような声もあった。それが普通の声のように耳に聞こえて、実際の声と区別できない。直接頭の中に聞こえる感じで、幻聴に聞きいってニヤニヤ笑ったり、幻聴との対話でブツブツ言ったりした。

妄想は、明らかに誤った内容であったが排除できなく振り回された。その内容は、

「街ですれ違う人に紛れている敵が自分を襲おうとしている」

「近所の人の咳払いは自分への警告だ」

「道路を歩くと皆がチラチラと自分を見る」

などであった。

睡眠も十分にとれなくなり、また、父の強い勧めもあり精神科を受診、そして入院となった。一年三カ月で退院することになり、退院後は病院相談員の勧めで就労移行支援事業所に通うようになった。

しばらくして、事業所の精神保健福祉士とも相談して、康夫は就労継続支援A型事業所である弁当作りの事業所で仕事をすることになった。

康夫はその日朝六時に起床した。簡単な朝食をとり、身支度を整えて外に出ると、梅雨が明けた空は暑い夏の日差しがまぶしかった。弁当を作る場所は旧沼南町大木戸交差点のかつてコンビニだったものを改修して事業所にしたもので、道路に向かって全面ガラス張りの明るい作

業所であった。

早番は朝の八時から十二時までの一日四時間の勤務である。弁当は時間との勝負で十二時までにお客さんのもとへ届けなければならない。障害者十六名が交替で勤務し、職員五、六人を入れて常時十名余りが狭い通路を行ったり来たりして一丸となって取り組んだ。

康夫の今日の仕事はひたすら包丁をもってキャベツを刻むことだった。夕べは睡眠も十分にとれていたので体調は良かった。手を切らないように気をつけながら快調に仕事を続けた。

十一時を過ぎる頃に百五十個以上の弁当が並ぶ。ほっとする間もなく配達の人がそれを三台の自動車で配送にでかけた。

康夫は十二時までの夢中で行った勤務が終了すると、後の仕事は遅番の人にゆだねて帰路につく。今日も仕事をみんなと一緒にやり終えたというほっとした安らかな気持ちが湧いてきた。暑い夏の太陽の下のバス停でバスを待つ間、周りの景色を見渡していた。


弁当を作り終えたりバスを待つ背中がやける暑き夏の日

自宅には一時間ほどで着いた。午後は部屋でゆっくり新聞や機関紙を読んだりしてくつろいだ。夕食後はテレビを一時間ほど観て、九時に床に就くやいなやすぐに眠りに入っていった。

一〇　くるしみのベッドのメロディ水を飲む

普段、わたしたちは喉が渇けば水を飲みますが、そのような何でもない平凡な行動も、喜びが伴うのびのびとした自由な空間の中では生活のメロディを奏でる活動になるでしょう。

その日、牧人（七十四歳）は富津の福祉施設ミッドナイトミッションのハイム短歌会にでかけ、午後四時三十分に帰宅した。妻の恵《めぐみ》はベッドに寝ていた。

恵は何年も前から結核後遺症と気管支拡張症のために呼吸不全に陥り、もう回復の見込みがないので通院するのを止め、自宅で娘が送ってくれた漢方薬を飲んでいた。十日ほど前に居間で椅子から立ち上がろうとして机に摑まった手が滑り、床に仰向けに倒れた。また、その日の午後寝ているベッドから起きる際にベッドから落ち、床に尻もちをついてしまった。以前から歩行がスムーズに出来なかったが、この日から独り歩きは危なっかしい状態になっていた。

牧人が帰ってきた時、恵は昼食もとっていなかったので、夕食は早めに準備したが、食欲もなく、お茶ばかり欲しがった。着替えも嫌がりそのままベッドに横になった。深夜十二時頃部屋を覗いて見ると、枕元に置いてあったお茶を飲みそこない、衣服を濡らし手も冷たくなっている始末で、着替えさせ、枕カバーも取り換えた。

その翌日から恵は食もすすまず、首が痛いと言って椅子に座っていることもできなくなった。牧人は恵を病院に連れていくことを何回も話した。恵はその都度、

「病院は絶対いや」

と言った。

翌日、横浜から末娘の薫が来た。薫も病院に行くことを勧めたが、

「絶対に行かない。何回も言わせないで」

と頑なに拒否した。牧人も娘もどうしようもなく、酷い状態が続くようであれば、その時救急車を呼ぶことにした。

娘が帰り、今度は息子洋が来た。午後五時頃から、恵がまた、

「苦しい」

と言って、おさまりそうにない状態になったので、午後七時過ぎに牧人は放置できないと決断をし、洋に一一九番をしてもらった。救急車が来て、おおたかの森病院へ行くことになった。搬送され、病院の救急処置室に入れられ、肺炎と診断された。

「三日前からかなり進んでしまっています。酸素マスク一〇〇%のフル活用でも苦しい状態です」

と付き添い看護師に言われた。

翌朝、担当医から、

「肺炎データのＣＲＰは二十八です。このＣＲＰ二十以上は命がないという数値ですから、一両日中に何があってもおかしくない」

とはっきり言われた。しかし、その日から完全看護の態勢で恵の熱は下がり、落ち着きを取り戻しつつあった。

その日、仙台から長女裕子の家族が来て、その後再び二女薫の家族も来た。この日が裕子の四十九年目の誕生日と重なり、孫たちも入れ総勢六人が病室で静かにハッピーバースデーを歌い、ケーキを食べた。裕子は涙ながらに恵に言った。

「生んでくれてありがとう」

恵は、子どもたちや可愛い孫たちに囲まれ、歌を聴き、話し、握手して喜んだ。

翌日、教会の牧師がお見舞いに来て下さった。また、他のお見舞い客も来るようになったが、午後五時頃、担当医から話があった。

「肺炎は危険状態にあります。ＣＲＰ二十八から少し下がりましたが二十六です。できるだけ眠るとよいでしょう。安静第一に周りは騒がないようにしたらよいです」

牧人は、家族と話し合い、本人が会いたいという人だけにして、原則としてお見舞いを遠慮してもらうことにし、病室の付き添いも一人にした。

数日して、深夜、牧人が付き添っていた。恵は酸素マスクをつけ、CVポートによって点滴の管もあり、尿を採取するバルーンをつけベッドに寝たきりになっていた。

病室の温度は管理されていたが、絶えず喉が渇いた。牧人は、恵が低く、小さい声で、

「喉が渇いた。水が欲しい」

と言うのを聞いた。牧人は椅子から立ち上がり、ベッドの傍に立ち、

「水を飲む？」

と聞いた。恵はちょっと間をおいて目を開け、うなずいた。牧人はガーゼに水を含ませ酸素マスクをはずして、小さく開いた恵の口に入れた。すると、恵はそれをゴクンと飲み込んで、

「おいしい」

と、喜びの声を発した。牧人は、二度、三度とガーゼを水に浸し口に含ませた。

「もういいかい」

と聞くと、恵は言った。

「ワンスモア」

もう一度、ガーゼを口に含ませると、目を開いて、牧人に感謝の眼差しを向け、

「ありがとう。おいしかった」

と生まれてはじめて飲んだような満ち足りた声で言った。

水のみて妻安らかに眠りたる時の過ぎゆく付き添いの部屋

二　メロディの盛り上がりたる最終章

人間は、生活を楽しむ音楽性をもっています。できるだけ自由にのびのびとした活動である生活のメロディを求めています。母なる大地に抱かれ、多くの物と人に支えられて、思いのままに活動を展開する時、生活の旋律であるメロディは高められていきます。

恵は、退院して二カ月間、家のベッドで寝ていた。

その日、長女の勧めもあって、慌ただしい中、四十七歳になった息子洋の結婚式が行われることになっていて、寝たきりになっていた恵の、車いすで外出するという大冒険の一日が始まろうとしていた。

前夜、消灯時間からしばらくの間、恵は比較的静かに眠っていたが、朝方になって、

「苦しい、苦しい」

と言って、その都度目を覚ました。

牧人の家に子どもたち一家が集まった。恵に朝食を用意し、食べさせた。その後、荷物の準備をし、薬も飲ませた。十一時三十分に女性運転手の福祉タクシーが来た。皆で恵をストレッチャーに乗せ、部屋から四人がかりで待機している福祉タクシーまで運び、ようやく乗り込んだ。出発したのは十二時を少々廻っていた。

普段なら、四十五分くらいの道中であったが、運転手の慎重な運転で一時間二十分ほどかかり、教会に到着したのは結婚式開始十分前であった。到着した時、恵はぐったりしていた。車の中で、服薬とおむつ交換をして、準備してあった車椅子に乗ったが、頭を力なく前に落とし、顔に生気が無くなっていた。付き添いの看護師はあせっていた。

「今、薬を飲ませましたが、ちょっと元気がない状態です」

牧人は、側に付き添っていたが、意を決して言った。

「とにかく、ここまで来たのですから。まもなく式が始まります。式場に入りましょう。お願いします」

皆で恵の車椅子を担いで階段を上り、二階の礼拝場に入っていった。前列に車椅子を固定した。定刻を五分遅れで結婚式が始まった。奏楽が始まり、新郎新婦が入場した。

あめつちこぞりて

かしこみたたえよ、

みめぐみあふるる
父、み子、みたまよ。

讃美歌が始まって、牧人は頭を垂れて祈っていた。するとボンベの酸素が無くなっていることに気づいた。酸素ボンベを取り替えると、しばらくして、恵の顔に生気が戻ってくるのが見えた。

式は、聖書「コロサイの信徒への手紙」三章の朗読となっていた。

「あなたがたは神に選ばれ、聖なる者とされ、愛されているのですから、憐れみの心、慈愛、謙遜、柔和、寛容を身につけなさい。互いに忍び合い、責めるべきことがあっても、赦し合いなさい。主があなたがたを赦してくださったように、あなたがたもおなじようにしなさい。これらすべてに加えて、愛を身につけなさい。……」

聖書朗読が終わると、牧師がお祈りをした。そして、誓約になった。

「あなたは、今、この女子を妻としようとしています。あなたは、真心からこの女子を妻とすることを願いますか。

あなたは、この結婚が神の御旨によることを確信しますか。

あなたは、神の教えに従い、きよい家庭をつくり、夫としての分を果たし、常にあなたの妻を愛し、敬い、慰め、助けて、死が二人を分かつまで健やかなときも、病むときも、順境にも、逆境にも、常に真実で、愛情に満ち、あなたの妻に対して堅く節操を守ることを誓約しますか」

新郎は、

「神と証人の前に謹んで誓約いたします」

と誓った。そして、次に新婦も同じように誓約した。

牧人と恵は、五十年前、この江戸川教会の旧会堂で全く同じ結婚の誓約をしていたのを想い出していた。教会に初めて触れることになった新婦とその兄も、牧師夫人が弾く荘厳な奏楽の中で牧師の話を聞き、神と会衆の前の本人たちの誓約の言葉に感動していた。

そして、式が盛り上がり、新郎新婦が退場してすぐ後に、牧師が宣言した。

「牧人さんと恵さんの金婚式のお祝いをします」

これは子どもたちが内緒で準備をしていたものであった。今年の五月一日で結婚生活五十年の節目を迎える少々前で、牧人と恵にはまったくのサプライズだった。

孫二人が前に出てきて、金紙で作った金メダルを牧人と恵の首にかけてくれた。そして、皆が心を込めて書きこんだ色紙をもらった。車椅子に座ったままの恵は満面笑顔でお礼を言ったり、手を叩いたり、親しい人たちに囲まれ楽しいひと時を過ごした。恵の最期の命が輝き躍動していた。

帰りの福祉タクシーに乗る時、恵はストレッチャーで仰向けになり空を見て叫んだ。

「小岩の空、さようなら」

二十一歳で江戸川教会初代牧師に招かれて小岩に来て、教会堂の屋根裏部屋に住み込んで以来の六十年間親しんだ空間だった。

恵は、その二日目の朝、この世のダイナミックな自由なメロディを奏でた八十二歳の生涯を閉じ、天に召された。

コーヒーブレイク　ある夜の夢

ある夜、牧人は夢を見た。福生龍がそこにいた。

「牧人君、何をしているのだ」

「はい。今まで自分が歩んだ生活をふり返っています」

「それをどのようにして行っているのか」

「今まで私が歩んできた生活の中で想い出すことをひたすら書いています」

「それでよい。意識する以前の白紙の状態で記録するのだ。ありのままの出来事をそのまま記録すればよい。その記録をつなげていけば自然と何かが見えてくる。しかし、君は不満そうな顔をしているが、なぜか」

「言葉を並べてみてもおもしろくありません」

「君が使っている言葉が死んでいるからだ。以前には生きられた意味を反映し、生きた生活を表していた言葉が、今では不十分で、弱々しく、寡黙と空っぽでそれらの以前の力を忘れてしまっているからだ」

「どうしたらよいのですか」

「美辞麗句で飾り立て抽象的に説明してはいけない。いきいきとした真実に満ちた感覚を取り逃がしてしまわないよう、物語るのだ。物語はありうる世界を創りだすことで、われわれの通常の実存的な風景の地平を拡大することができる。牧人君、君は短歌をやっているね。詩や短歌もまた生きられた経験を詩的言語に置き換え、最も強烈な形式において最も激しい感情を表現することが可能なのだ」

「そうですか。それではもっと励んでみます」

福生龍は「うん」とうなずいて去っていった。

三章　能力を発揮する身体（私は）

わたしたちは、自分が生活する環境の中で、生身の身体をもって、感じたり、考えたり、行動しています。わたしたちの身体は暗い気分の中では器用さを失い、動作はぎこちないものとなります。一方、明るい気分のもとではふだんを凌ぐ能力を発揮するものになります。体内酵素がバランスよく働き、自律神経が実に巧妙に機能しています。

この本能的な**心身機能**の他に、人間の身体は言語能力をもつことができます。口が言語を発し、肢体もジェスチャーで言語表現の一役を担い、また、相手の言語を目と耳とその他身体全体からの情報を脳で認知し、相互に意味交換を行うことができます。そして、情感機能をもつ身体は、日々の様々な生活の中に音楽性を捉え楽しむことができます。

人間がもつ能力の中で、経験の言語化を伴う**認知機能**と共に重要なのが経験の音楽化の**情感機能**です。言語化は生きる意味を与え、音楽化は生きる楽しみをもたらします。その言語化と音楽化を求めて創作に取り組むものが生活短歌です（エピローグ参照）。

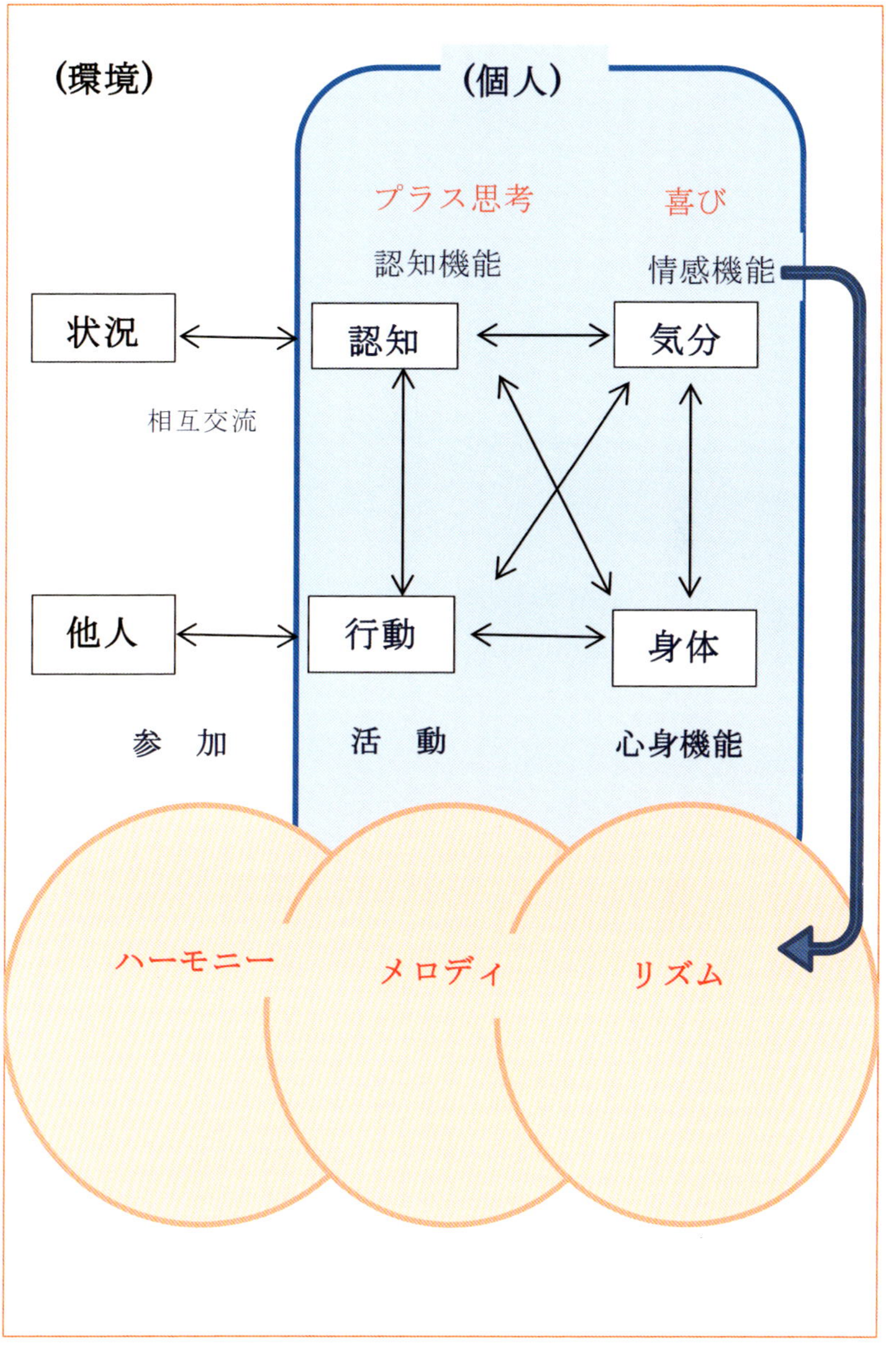

(環境)
(個人)
プラス思考
喜び
認知機能
情感機能
状況
認知
気分
相互交流
他人
行動
身体
参　加
活　動
心身機能
ハーモニー
メロディ
リズム

三一　心身機能

一　やすみなく自律神経いきいきと
二　ゆに入り疲れを癒す山の宿
三　ろうじんも心身機能フル回転
四　よろこびは心と身との潤滑油

三二　認知機能

五　けいけんをさらり意味づけ日記書く
六　むなしきを豊かなものにする言葉
七　なき顔も笑顔に変はるプラス思考
八　ラブレターもらへば心ときめけり

三三　情感機能

九　ぬすっとも素知らぬ顔して音を聞く
一〇　へいすけも生活メロディのセンスあり
一一　うたごころありて体験話し合う

三二　心身機能

一　やすみなく自律神経いきいきと

普段のわたしたちの身体は自律神経系・内分泌系・免疫系のそれぞれがバランスよく微妙に調節されています。しかし、生活のリズムがとれなくなり、生活のメロディが無くなると、今までいきいきしていた生活が崩れ、自律神経の失調をもたらすことになります。従って、健康を回復するためには、自律神経を正常に働かせるように工夫する必要がありますね。

牧人は五十一歳になっていた。その年十二月、せせらぎ短歌会の人たちに連れられて、秩父にある笠山に登った。師走の登山ということで厳重な寒さ対策をして出かけた。幸い天候も良く、七人の山の仲間たちが麓《ふもと》から冬枯れの林の山を登り始めた。寒さはどこかに去り、身体はぽかぽかと火照《ほて》っていた。足元の道には枯れ葉がいっぱい溜まり、音をたて土の感触はやわらかに脚に伝わってきた。

さくさくと枯葉踏み分け山登る土やはらかに脚《あし》に弾めり

頂上付近につくと、秩父の山並みが太陽の光に輝き、林を越えて広々とした麓《ふもと》の田園風景を照らしだしているのが見えた。脇の谷からは風の音が湧き上がり、山の木立が息づき、実に山全体が語りかけてくるようであった。

風の音湧《わ》き上がりつつ笠山の木立が話し山語りくる

山上の見晴らしのよいところに皆で車座になって座り、にぎやかに昼食をとった。今まさに太陽は東から西に向かう軌道の中天にあり、時を刻んでいた。

山の上《え》の見晴らし定め車座に座りて昼の声を上げたり

昼とりて皆でくつろぐ笠山の真昼の天空風渡り来る

午後は、なだらかにアップダウンを繰り返しながら秩父の山を歩いた。麓に下りてきた頃には、一年で最も短い日の太陽は没し、辺りは夜となった。山間を走るバスを待ってしばらくめいめい草むらに腰を下ろした。夜空には星が輝き、山の下の方に見える街の灯が美しい宝石の光のように見えた。

ちかちかと宝石のごとちりばめる街の灯《ひ》美《うるわ》し山に日暮れて

牧人は、日常生活の中で見失いがちな大宇宙のリズムを、この山行《さんぎょう》で確認した。太陽は東から昇り、一日かけて空を駆け巡り西に没すると、月はまた東から昇る。生活リズムを取り戻した牧人は、その後快適に生活した。身体が軽くなったように感じ、体内の諸機能がいきいきと活動していることを実感していた。この感覚は一週間ほど続き元に戻ったが、自律神経がいきいき作用することの大切さを知ったのであった。

二　ゆに入り疲れを癒す山の宿

精神的疾患のための服薬は症状に対する対症療法であり、それですぐに健康を回復することにはなりません。症状を抑えている間に、生活の再生を図る必要があります。それは健康な人も同じです。湯に入り心身の疲れをとることは日常生活の中で健康を維持する自然な営みの一つですね。

牧人（五十七歳）は、数年前から武藤おじいさんと一緒に民宿に行くことを楽しみにしてい

た。武藤おじいさんは、牧人が下宿した武藤さんの弟で江戸川教会の長老をしていた。戦前は軍隊に行き、小隊長として馬に乗って活躍した。戦後復員して、商売をして破産し、奥さんと別れ、兄を頼って江戸川区の都営アパートに住んでいた。再婚したが、子どもがなく、その妻にも先立たれて、一人暮らしをしていた。

毎年のこの小旅行は、武藤おじいさんも牧人夫婦も楽しみにしていた。青森に行った親しかった恵美子さんを誘い、久しぶりに会えるのも楽しみになっていた。恵美子さんも子どもがいなく、夫に先立たれていた。

一九九八年に、中古のマイカーで比較的近くにあるかんぽ磯部温泉に行った。ホテルの近くに、水が豊かに流れる碓氷川《うすい》があり、「愛妻橋」と命名されている橋のところを散歩した。八十歳を超えて武藤おじいさんはやや背を丸めてゆったりとしたペースで、磯部温泉の湯に入って過ごした。

繰り返す己の罪をあからさま老いの語りて年を重ねり
かんぽうの宿に寛《くつろ》ぐ一時の恵みに謝して夕食をとる

次の年も八月末、かんぽ潮来《いたこ》温泉に行った。シベリアから白鳥が飛来するところだという北浦の夏の終わりの水辺で遊んだ。さざ波を立てて朝日さす中を漁を終えた舟が帰って来るところであった。

　さざ波の北浦湖面朝日さす漁を終えたる舟帰りくる

その次の年の夏は、妻が大腸炎で入院したので、小旅行は中止した。翌年、ふたたび小旅行を再開。美津子さんが住む青森県と牧人たちが住む千葉県の中間の蔵王で、二泊三日の少しゆっくりした旅にしようということになって出かけた。八月末の蔵王山《さん》麓《ろく》の民宿は実に閑静でさわやかな空気に満たされていた。長時間、車に揺られて疲れ、また、短くなった日の夕冷えで身体が冷えていた。宿に入り、早速お風呂に入ることにした。武藤おじいさんと牧人は一緒に熱い湯につかり、疲れをいやした。

　みちのくの蔵王の麓に老いと来て熱き湯の出る宿に入りたり

三　ろうじんも心身機能フル回転

腕や足の筋肉を使えば、必要に応じて筋肉細胞が増えるように、脳細胞も必要に応じて増えます。それは高齢になっても同じです。頭が悪いと思っている人も、忍耐強い学びを喜んで行うことによって変わっていけると思います。

平成十三（二〇〇一）年一月一日、二十一世紀の夜明け、コバルト色に東の空を染めて太陽が昇った。牧人はこの朝も大堀川に沿った道を散歩した。心は明るく燃えていた。

「明けていくこの年は自分の年だ」

この年三月二日は、一九四一年に牧人が生を受けてから丁度六十年がたち、還暦を迎えることになっていた。牧人は精神保健福祉士の国家試験の受験勉強をしていたので、体調管理のため雨が降っても雪が降っても毎日散歩した。

日中は仕事をして午後五時の終業時に職場を飛び出し、池袋にある夜学に通った。学校は月曜から土曜まで講義を行い、夏休みも冬休みもなかった。片道一時間ほどの電車の中は格好の学習時間であった。秋以降、朝方にも最低二時間は机に向かった。机の前に学習目標を貼った。

一、生活のリズム
二、二時間の集中力
三、喜びの人生設計

時間設定したタイマーが監督であった。その時間は試験本番と同様、一切の雑念を廃して取り組んだ。社会福祉原論や心理学等の共通科目九科目と、精神医学等の専門科目五科目であった。過去の三年間の試験問題と予備問題を七種類ほど揃え、本番同様に問題を解いた。次の日には、採点をして解説を読むという方法をとった。そしてその結果を記録表にまとめた。

希望をもち体調を整えつつ臨んだ学習ペースは徐々に高まり学習することが喜びになっていた。日曜や祭日はウィークデイの時間の足りなかったところを朝から勇んで学習した。正月休みは学習記録の伸び悩みの科目を集中的に補う時間となった。

一月の第四土曜日と翌日の日曜日の二日にかけて国家試験が行われた。試験の初日は大雪が降った。交通機関が混雑し、受験生は雪に覆われ真っ白になった女子大の広いキャンパスの中を歩いて教室に到着した。側壁全面ガラス張りの窓から結晶が見えるようにしてしきりに雪が舞い落ちていた。まぶしいほど明るい教室の白壁正面に十字架があった。

二日とも約二時間の問題に必死に取り組んで試験は終わった。初日の大雪も止み、晴天となった二日目の午後、牧人は全てやり終えたという気持ちで残雪の道を帰った。

かにかくに国家試験の二日間終へて残雪の道帰りきぬ

そして三月末、合格証書が届き、牧人は五月に登録をして精神保健福祉士になった。
その後の牧人のチャレンジの軌跡は次の通りであった。
二〇〇三年　三月　医療の側面を知るため、メディカルクラーク二級を受験して合格した。
二〇〇四年　四月　福祉全般をめざし日本総合研究所社会福祉士養成所通信課程に入学した。
　　　　　十一月　これまでの短歌をまとめ『歌のエンパワメント』を出版した。
二〇〇五年　四月　柏市社会福祉協議会心配ごと相談員に就任した。
二〇〇六年　一月　社会福祉士の国家試験を受け合格した。
　　　　　三月　精神障害者を主たる対象にした社会福祉法人よつばの理事長に就任した。
二〇〇八年　八月　仕事に関係して、危険物取扱者乙種四類を取得した。
　　　　　十一月　障害者の社会復帰をめざした小冊子『自分のメロディを奏でる』を出版した。
二〇一〇年　四月　高度福祉専門職をめざし、上智大学大学院総合人間科学社会福祉学専攻の入学試験を受けて入学した。
二〇一二年　三月　修士学位論文「精神障害者の生活短歌創作活動―生活再生の支援―」を発表した。

二〇一三年　三月　法人経営の経理面をより深く理解するため、ファイナンシャル・プランニング技能士二級に合格した。
　　　　　　九月　福祉サポート会社、サンフラワー株式会社を設立した。
二〇一四年　四月　高齢者の権利擁護のため、東京大学市民後見人養成講座を終了した。
このように、六十歳を過ぎた牧人は学びたいと思った事柄で受けた試験はすべて合格した。また、以前から福祉の事業所で支援に当たって考えていた内容をまとめ本にして出版した。そして、牧人は必要を感じて行った学びと忍耐が、最後は神に与えられた人生を楽しむことに連なっていることに気づいた。

四　よろこびは心と身との潤滑油

人間の身体には物の形や色を見分ける目があり、音を感知する耳があり、意味を認知する脳機能があります。そして口を通し、また肢体の所作によって心の思いを他人に伝えることが出来ます。虚しく不安な状況はこれらの心身の機能を縮めてしまいますが、自由でのびのびした喜びに満たされている状況はこのような心身機能を伸展することになるでしょう。

牧人（七十三歳）の家に、仙台に住む長女一家と横浜に住む次女の一家が年末から正月休みを利用して集まった。その晩、総勢十人ほどの夕食を食べ終わり、場が盛り上がっていた。すると双方の家の六歳の孫二人が皆の期待に応えて、『アナと雪の女王』の歌を歌いだした。

自然に二人でハモりながら、振り付けを入れて歌う。

手を左右に大きく広げながら、役に成りきっていた。

終わって、拍手大喝采。

「どうしてこのように歌えるのであろうか」と驚きながら牧人は聴いていた。

牧人は、先日、相談を受けたある中年女性のことを思い出していた。それは寂しい家庭情況を訴える内容であった。

「私は、夫婦どちらが先にあの世に行くかわかりませんが、家に一人でいる時、少し具合が悪くなり、助けて欲しいときに、心細くなります。私は、四十歳過ぎて結婚して、子どもはいません。夫とは生活リズムが合わず、バリバリ働いてきた仕事を辞めて、誰もいない土地で暮らす日々です。喋る人は郵便配達の人だけだったり、一日だれとも話さない日もあったりします。夫は夜中に帰ってきたり、夜勤があったり。私も虚しいです。全く毎日同じことの繰り返し。これからどうなるんだろうと不安になります」

次の日、牧人が二階の書斎に上がっていくと、孫二人が何やら夢中になっていた。

「ね、ね、おじいちゃん。今、猫商店街のチラシを作っているの。これ読んでニャー」

と、猫言葉で、鉛筆でメモ用紙に書いたチラシをもってきた。まず上のところに横書に、ひげを生やした可愛い猫の顔があり、「ねこしょう店がい」と大きく書いて、そして、下の段に縦書文章があり、二匹の猫が向かい合って、こちらを向いて挨拶しているイラストも描かれていた。

「ねこしょう店がいとは、ねこの二人しまいがリーダーをしている。ほかのねこたちもいっしょにしごとをしているのだ。リーダー二人がやっている店は、ファンルーこねこ店。ファンルームのストラップやアクセサリー、いろいろなものをちゅうもんすればつくってくれる」

牧人は、子どもは遊ぶことの天才だと思った。人間は大人になっても、この遊び心を忘れないようにしなければならない。子どものいる家庭はなんて明るいのだろうか。日本の多くの家庭はこの明るさを無くしてしまっているのではないだろうか。障害を克服する道はここにある、と思った。

孫二人書斎に来たりて猫になり猫商店街のちらし作れり

孫たちは小道具を使い、しきりに小さくカラフルな輪ゴムをつなぎ合わせアクセサリーを作って、マイペースで自由にのびのびと空間にメロディを展開していた。

三二　認知機能

五　けいけんをさらり意味づけ日記書く

なんとなく過ごしていると一日が虚しく終わってしまうことがあります。そこで日記を書く習慣をもつようになると、自分の経験に意味づけが出来るようになり、何もない(nothing)から何か(something)が生まれ、充実してきます。実行してみて下さい。

牧人は、自分はどうしたらよいのか思案していた。大学ノートに日記を書くことがいつの間にか習慣になっていた。書くことによって何かを見出そうとしていた。

牧人は、夜学に通う生活をしていたが、このような生活では目指している学習ができないことを悟った。形だけの勉強ではなく、実質的な勉強がしたかった。そこで、田舎の父に手紙を書いた。職を辞して昼の大学に転部したいこと、これから三年間毎月一万円の送金をしてほしいこと等であった。父は承諾してくれ、牧人は江戸川区小岩にある同じ三畳一間であったが三千円の下宿に転居して、本格的な大学昼間部への転部試験を目指し勉強をすることにした。

その頃、一九六〇年代のベトナム反戦運動の呼びかけに伴って、学園紛争が起こり始めた。「ゼンガクレン」と呼ばれる各派の学生運動家たちは街頭で数々の武装闘争を繰り広げた。その闘いに多くの学生が、ヘルメットにゲバ棒というスタイルで参加した。牧人が通う大学の正面玄関にはいち早く大きなアジ板が設置され、周辺をそのような学生たちが行き来していた。学内では、集会室に学長を呼び出し、学費値上げ問題や施設不備の問題点を追及して学長を吊るし上げていた。

一つ一つのことがどうなるかは未知数であった。三年間農業をしていた田舎を飛び出し、東京に出てきた牧人にとっては、このような学生運動に参加することはできなかった。都会での一人暮らしの不安の中にあったし、日々の生活をいかにするかが急務であった。それよりも生きることが最大の不安であった。なぜ人間は生きていかなければならないのか、生きる意味とは何かを必死に考えていた。

大学商学部商学科の三年次編入試験に合格して、牧人は昼間部の学生になった。しかし、新学年になった四月から出席したクラスの雰囲気には馴染めなかった。欠席が多かった夜の学生たちはそれでも学ぶ意欲があったが、昼の学生たちは学習意欲が喪失し雀荘等に入りびたっていた。

その時期、牧人が入ったゼミは大学でも有名なマルクス経済学のゼミであった。一、二年次夜間部にいた者は人員を追加募集しているところにしか入れなかった。ゼミでは経済学の基本の学習をしていた。テキストは経済学の父と呼ばれるアダム・スミスの『国富論』であった。

諸国民の富の性質と原因の研究であった。牧人は最初戸惑っていたが、少しずつ数人の学生と話をするようになった。牧人は個人的に『資本論』を買って読んだ。資本主義社会の仕組みの矛盾を論じている弁証法の論理が一貫して面白かった。このように自分たちが存在している社会を一刀両断に、そして、ものごとを広く国際的に考える経験は初めてだった。牧人に広い視野と考える方法論とを与えた。しかし、牧人は考えた。

「マルクスは、生産力の発展段階に対応する生産関係の総体が社会の土台で、この土台の上に人間が作る法律的・政治的上部構造が立つと言っているが、社会を創っているのは人間ではないか。社会が人間を創るのではなく、人間が社会を創る」

牧人は、転部してもう一つしたことがあった。それは教員になるための教職課程を選択したことであった。

牧人は、長い間戦後の教員総ざんげの姿を目の前に見てきた。生徒の前で立派なことを言っている人が、個人的生活では偽善者の姿をさらけ出すのを見てきた。

「教員には絶対ならない」

と子ども心に思っていた。しかし今になって、やはり人間が中心の社会でなければならないのではないか、その為には教育が必要ではないか、と考え始めていた。

わからない。どうしたらよいのか。結論が見えない状況の中で牧人はしきりに日記を書いた。誰も話を真剣に聴《き》いてくれる人がいない。日記はそのような時に訴える唯一の道具だった。今自分が経験していることには何もなく、虚しく終わってしまうのであろうか。しかし、そこから何かが見えてくるのではないかという思いで日記を書いた。

数十年した後で、この日記から多くのものが生まれてくることを牧人は知った。

六　むなしきを豊かなものにする言葉

わたしたちが豊かな現在をもつために、過去の消えゆく経験を言語化して、意識に留めることが大切だと思います。言語化するとは乳児が「アー」とか「マンマ」とか所作にすぎない母語を発して、思いを母親に伝えることも含め、誰かに話したり、書いたり、短歌等に表現したりすることです。また、考えることも言葉を使っていますので同じですね。

牧人（六十五歳）が世話人を兼務していた自宅ふれあいホームで、三年ばかり寝たきりであった雅夫が再び活動を開始しようと思ってしたことは、自分が食べる米を買いにいくことであった。人間はどのような状態であろうとも生きていくためには食べなければならない。雅夫はその時のことを次のような言葉にした。

五キログラムの米を重いと感じつつゆっくり歩くむし暑き道

田舎に育った六十代の男性であれば、若い時には米俵一俵六十kgを持ち上げることができた。それが今では五kgのものでさえ重いと感じて歩いていた。未来は見えていないが、受動的世界から能動的世界にとにかくゆっくり歩を進めた。歩くということは、全身の筋肉を使っての作業であった。手に荷物をもって歩きながら、昔の自分と現在の自分を比較して反省的に書いていた。初夏の蒸し暑い日中の五kgの米は重かった。それでも彼はゆっくり歩みだした。一歩、そしてまた一歩、生活の自立に向かって歩みだした。しかし、

つまらぬと思いながらもテレビつけ横になっている不愉快な昼

雅夫は、自分の日常生活をこのように言葉にした。
その後、生活短歌を始めて半年近くたった頃から、雅夫は自分の存在の是非はともかくも、自然環境に目をとめようと思った。

朝日うけ輝く諏訪の森の上十七夜《たちまち》の月は真白くうかぶ

朝になると太陽が昇り、自然界の諸々に光を注ぐ。諏訪《すわ》神社の森にも光が注ぎ、その上に残る十七夜の月を白く照らしていた。やがて昼になり消えていくだろう。自然を自分の存在との

関係で主観的に、素直な目で眺め、身体で感じる世界であった。それを言葉で書いた。

病院の庭の桜葉色づいて秋は深まるはやく静かに

雅夫は、改めて病院の周囲を見回すと病院の庭にも豊かな自然があり、桜木も秋になって色づき始めて、秋が徐々に静かに深まっていることがわかった。今まであまり気づかなかったけれども、経験を言葉にすることによって、自分を取り巻く世界があり、自然のリズムの中にいて自分を支えてくれている人々も沢山いることに気づいた。

七　なき顔も笑顔に変はるプラス思考

悩んでばかりいて、マイナス思考に陥りがちな人は、それを断ち切って、言語を使って積極的にプラス思考ができると良いと思います。環境と自分との相互作用の中にあって、それが出来るようになると、今まで見過ごしていたことが一つ一つの生きられた経験となります。今まで泣いていた人もいつの間にか笑っていることに気づくことになるでしょう。

かつて、就労継続支援B型事業所の利用者であった洋二は泣きそうな顔をしていた。いつごろからか生きることに不安を感じ、気を遣って人と交わることを嫌い、自分の部屋にこもりがちになっていた。しかし、

「これではだめだ。今日は何とかしよう」

と朝起きて洋二は思った。

その日、洋二は事業所に来た。ただ辛い一日の仕事を我慢して過ごした。退所時間になって独りで事業所を出た。冬の寒い風が吹き抜ける何の変哲もない街の風景があった。おもしろくもない仕事をようやく終え、疲れた身体で帰宅を急ぐだけの灰色の街並みであった。なんの意味もない一日が終わった。

そのような洋二に転機が訪れたのは、牧人はじめ、周りの皆に勧められて短歌を創り始めた時だった。何でもいいから心に感じたことをメモし、それを基にして状況を考え、言葉を連ねて五、七、五、七、七にまとめればいいのだ。洋二は、最初内心「嫌だなあ」と思ったが、今までたいして面白いことがなかったのだから、「とにかくやってみるか」と思い、参加することにして、牧人に頭を下げた。

「短歌やってみます。よろしくお願いします」

そうして始めてみたものの、最初のうちは四苦八苦して、いつも月末になってあわてて短歌を作った。そのようなことをして一年たち、短歌を作るために周りの景色に目を凝らすように

なっていた。

ある時から街の風景が変わりだした。今まで見えなかった様々な自然の変化が見えるようになってきた。家々の木々に注目する。一本の椿の木に蕾が膨らんでくる。一月の寒い時期なのに自然の力はすごいと思う。三月に入り白い花が咲きだし、少し遅れて赤い花が咲きだした。その葉を見るとつやつやとして初春の太陽の光を受けて輝いている。

また洋二は通所途中の一軒の家の庭土に何か芽が出ていることを発見した。よく見ると芽の芯はうす緑の葉身に包まれていた。続けて観察しているとやがて数日かけてすーっと長い茎を伸ばし、大きな流線形の赤味がかった花をつけた。チューリップの再発見だった。それを手帳にメモして街を歩く。今まで見過ごしていた多くのものがあることに気づくようになった。

洋二は街のレストランで毎月開催される短歌会にその月も参加した。毎日の生活から作った短歌をしおりにしてもらって、皆で読み合い、互いに感想を述べ合った。最近の短歌を仲間に披露した。

チューリップ芽を覗《のぞ》かせてうす青き葉に包まれる芯の幼き

すると、皆から、

「いいねー」

「素晴らしい」

との賛辞をもらい心が温かくなるのを覚えた。
その後、洋二は事業所の職員となって働きだした。

八　ラブレターもらへば心ときめけり

心がときめくことは生きられた経験の原点です。愛の告白を受けた時も心がときめかずにはおれません。また、「オギャー」と泣く赤ちゃんの誕生の第一声は全身のときめきです。そのときめきの音声を聞き意味を理解して母は安堵と喜びの声を発し、周囲の人に伝わっていくのではないでしょうか。

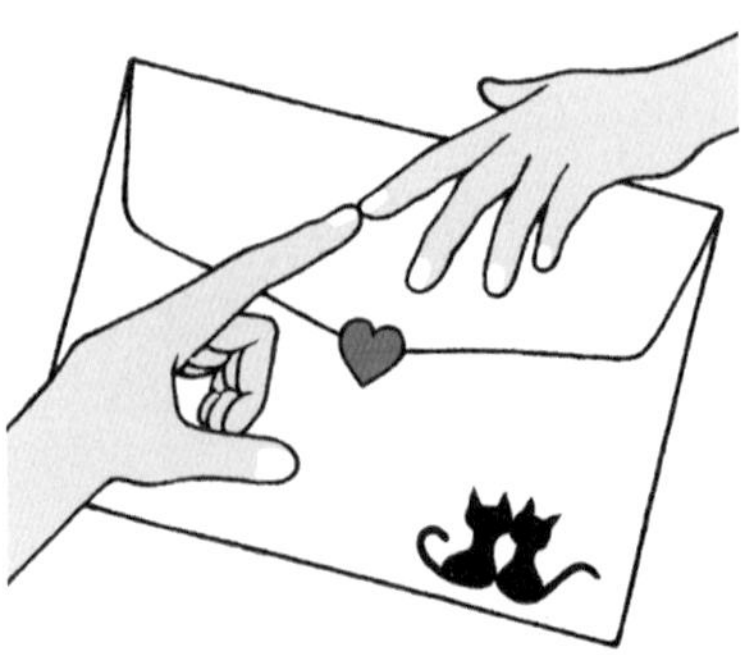

妻が風邪をひき急性大腸炎になって入院した。牧人（七十三歳）は、妻が入院している間に寝室を二階の畳の部屋から一階のフローリングのピアノの部屋に移すことにした。天井までの本棚にある全ての本を出し、その棚と床も含めて三回雑巾がけをした。ベッドを入れるために家具店にも三回足を運んだ。そして、大工を呼んでリモコンつきの天井照明をつけ、明るいベージュ色のカーテンを窓と本棚につけた。ベッドの下を掃除するためのロボット掃除機を用意した。

一週間ばかりで退院してきた妻のベッドの側に牧人は座り、何かと世話をした。今まで忙しかったこともあり、ほとんどゆっくりした時間がとれなかったのであったが、今度はきっちりと仕事を休むことにした。ベッドの側に座った。今までのつぐないのようにして様々な会話を楽しんでいた。

妻は疲れて眠ってしまった。年老いてしわが深くなった妻の顔を見ながら、牧人は妻に出会って愛を告白した時のことを思い出した。

その時の言葉はしどろもどろであったが、言葉はしっかりと伝わっていた。それから二年後に結婚式を挙げた。挙式後数カ月して二人は、牧人の生まれ故郷に来ていた。高校時代に通学で利用した北陸線の松任《まっとう》駅のホームに二人は立っていた。松任は「朝顔につるべとられてもらい水」と詠《よ》んだ俳人、加賀の千代女の住んだ町でもあった。かつて青春時代に虚しい人生は生きるに値しないのではないかと、真剣に考えて通っていた駅のホームでもあった。

牧人は愛する妻が傍《かたわら》で動く気配を感じていた。口で発する言葉でなくともふっくらとした顔の表情や自然に動く小柄な身体全体がかもしだす愛の言葉があった。その時、牧人の心の内に、時は永遠に続くという思いがふつふつと湧きあがってきた。心がときめき、しっかりと何の疑念もさしはさむ余地のない思いで、

「永遠の生命がこの世にある」

ことを確信した。

娘の裕子が赤ちゃんを産んだ。裕子は牧人たち二人の愛の結晶として生まれ、その裕子が、時を経て、二人にとって孫である赤ちゃんを産んだのであった。

裕子は、助産婦に取り上げられた我が子の「オギャー」という第一声を聞いた時、全身が喜びに満たされた。その声を聞き意味を理解して母となった裕子は安堵とときめきの喜びの声を発し、その喜びは周囲の人に伝播していった。

間もなく、老夫婦の家に赤ちゃんを抱えて娘夫婦一家がにぎやかにやってきた。夕飯の時、母に抱かれた赤ちゃんがつぶらな黒い瞳で母親をじっと見つめ、口を大きく開けて愛くるしい笑顔を見せた。

乳飲み子の和みてい寝る口元に笑みのこぼれて部屋の明るむ

赤ちゃんに注目していたすべての人に温かい心を呼び起こし、いっぺんに家庭全体を明るい笑いに包みこんだ。赤ちゃんの所作が愛の言葉、ラブレターであった。

三三　情感機能

九　ぬすっとも素知らぬ顔して音を聞く

あまり良い例ではありませんが、盗人は全身耳にして周囲を窺うといいます。人間のもつ耳は周囲の状況を音として捉えます。その音を聞きわける機能は、自分にとって必要でない音は無視し、必要な音のみに集中して聞くことができます。この優れた機能を悪いことに使わず、自分や人々の幸せのために使うようにしましょう。

盗人は、唐草《からくさ》模様《もよう》の風呂敷をかついで、手ぬぐいで頬かむりして、聞き耳をたてて周りの様子を窺っているイメージがあります。しかし現在の盗人は、スーツを着て訪問販売員になったり、工事などの作業員になりすましたり、普段着で住人になりすますなどして現れます。それでも盗人の本質はやはり目で周りを見ていると同時に、耳をダンボにして物音をじっと聞いている姿といえるでしょう。

人間は生まれるとすぐ音と一緒に生活をしています。人間が最初に音楽と触れ合うのは母親の体内です。そこで初めて生命体としての音に出会います。胎児の器官形成の中でも、特に聴覚は発達が目覚ましく、妊娠一カ月くらいに耳の形成が開始され、妊娠四カ月くらいから脳が作られ始め、海馬《かいば》の形成により音を感じられるようになります。この音を聞くという素晴らしい機能は、また、多くの生活音の中から、必要な音だけ選び出して、ただ聴くだけでなく、それを音楽として楽しむことが出来るようにする働きがあります。その音の流れにリズムを感じ、自由な空間を漂うメロディとして捉え、様々なハーモニーの中に安らぐことが出来る機能です。

ある盗人が相棒を伴って金持ちがいそうな街にやってきて、周囲を窺っていた。この地域の人たちはあいさつをする習慣があった。反対側から歩いてきた人が盗人に声を掛けた。

「こんにちは、どちら様でしたっけ？」

「あー、はい。ちょっと用がありまして……」

盗人は声を掛けられただけで、「これはやばい」とここでの犯行をあきらめた。

次に、その盗人は隣街へ行った。そこでは、住んでいる人の家族構成や生活パターンや一週間の生活リズムを調べてあった。なお留守になる時間帯や来客数をつかむため、時間をかけて調べ始めた。盗人は、住宅やマンションの周辺を徘徊しながら、相棒に携帯電話をかけていた。そこにその街の一人の住人が通りかかった。見知らぬ人が携帯で電話をしながら歩いているのを見て声を掛けた。

「何か事件でもありましたか？」

盗人はぎょっとして、顔を見られまいとして顔を伏せたまま早足で通り過ぎた。

しばらく歩いて、盗人は前から予定してあった家の前に来た。その家が留守《るす》かどうかを確認する方法として、まず盗人はインターホンを押した。インターホンを押して住人が出てくるかどうか耳を澄ました。返事の声がなく、誰も現れなかった。

「しめた。ここに空き巣に入れるかもしれない」

と思ったが、次に電話をかけた。もしかするとインターホンが聞こえなかったかもしれない。電話に出る人がいれば、電話の声の調子でどのような人がいるのか判断するためでもあった。するど、

「はい。伊藤です。どちらさまですか」

と電話の中で太い男のはっきりした声がした。二階の書斎にいて玄関のインターホンの音が分からなかったらしい。

「いや、間違えました。失礼します」

と言って電話を切り、

「今日はついていない」

と相棒に言って足早にそこを立ち去った。

しっかりと精神保健がいきわたっている地域の人々の声や音があるところでは、盗人も仕事はしづらいようだ。

一〇　へいすけも生活メロディのセンスあり

人間は耳をもっていて、身の回りの生活を音として捉えています。何の変化もないように見える平凡な生活の中にも、風の音があり、木の葉のざわめく音があり、人々の話し声やその他の生活の音があります。そして、その複合した音の中から必要な音を選び出し音楽として聞き生活を楽しむことが出来ます。あなたも楽しんで下さい。

平介《へいすけ》は、牧人と出身地が同じで、同じ町内に住んでいた。統合失調症を患っていた平介は、様々な症状のために家庭生活や社会生活に支障があり、苦しんできたが、今では症状の改善だけではなく、日常生活におけるこうした障害も改善していた。

薬物療法と並行して、障害を受けていない機能を活かすことで家庭生活や社会生活の障害を克服し、生きる意欲と希望を回復し、充実した人生をめざすリハビリテーションを行っていた。また、病気や薬についてよく知るため病院のデイケアで心理教育を受けたり、認知行動療法の生活技能訓練を受けたりした。そして、仕事における集中力・持続力や作業能力の回復をめざすための作業療法など利用してきた。周囲からは結構よくなったように見えていたが、本人としてはまだ元気が出ない時期で、疲労感や意欲減退を覚えつつ、将来への不安と焦りを感じていた。しかし、回復期を経て、安定を取り戻す時期になっていた。すっかり病前の状態へと戻りたかったし、リハビリテーションにより社会復帰を果たしたかった。

平介は夏の空が夕焼けに染まりだした頃、川ぞいにある公園の道をウォーキングしていた。さわやかな風が川岸の木々の葉をゆらしていた。すると、『新世界より』のオルゴールのメロディがかなり大きく聞こえてきた。子どもたちに向かって、「さあ、早く家にかえりましょう」と、どこかの小学校の呼びかけのオルゴールのようだ。歌詞を口ずさむ。

「遠き山に　日は落ちて　星は空を　ちりばめぬ　きょうのわざを　なし終えて……」

これは平介の大好きな曲だった。チェコ・ボヘミア生まれの作曲家ドヴォルザークの『交響曲第九番第二楽章』のメロディである。荘厳な序奏で始まり、イングリッシュホルンによる郷愁《きょうしゅう》に満ちた演奏に移る。フルートとオーボエによる中間部から、緊迫感の強い主題が加わったクライマックスへと移り、最後に再び『遠き山に日は落ちて』のメロディがゆったり流れる。

このメロディから自然に浮かんできたのは、懐かしい故郷の我が家の風景である。高校時代の三年間、平介は郷里の石川で汽車通学をしていた。学校からの帰りの汽車を降りて、駅から、自転車で自宅まで、町外れの数キロの田舎道を通って家路についた。晩秋から冬にかけては、日が沈むのが早く、いつもとっぷりと暮れた中を帰った。まだ街の灯りも乏しかった田舎町だった。道にそった東の空を見上げると、それは見事なばかりの、満天の星空で、オリオンも、シリウスも見えすぎるほど、煌々と煌《きらめ》いていた。

このようなことを考えながら歩いていると、オルゴールの音が鳴ってから子どもたちの声が遠のいた気がした。やがて、家々の窓の明かりがつき始めた。家の中では夕飯作りの人影や子どもたち兄弟で遊んでいる声が聞こえた。家に帰ってくると、白洋舎でパート仕事をしている妻が早めに帰り夕飯の支度を始めていた。「トントントン」とまな板の上で野菜を切る音がしていた。三人の子どもたちはもう既に家に帰ってそれぞれ何かやっているようだ。夕食は、家族五人、ちゃぶ台を囲んでテレビのアニメを観ながら食べた。今日のアニメは『アルプスの少女ハイジ』であった。

二　うたごころありて体験話し合う

自分の体験することがらが消えて無意味なまま忘れ去るまえに、それを言語化して意味づけ、音楽性を見つけようと思う心が歌ごころです。自分の体験を、自由な詩的言語で思いのままに表現し、その中にリズムとメロディとハーモニーを見出していきます。そして、それを互いに話し合うことが出来たら良いですね。

その日、平介は事前に短歌を提出してあったふれあい短歌会に出席した。

統合失調症は不治の病なのだという誤ったイメージがあったが、こころの働きの多くの部分は保たれ、多くの患者が回復していた。高血圧や糖尿病などの生活習慣病と同じように、早期発見や早期治療、薬物療法と本人・家族の協力の組み合わせ、再発予防のための治療の継続が大切であることが分かった。平介は、進学・就職などの人生の進路における変化が、発症の契機となっていた。

統合失調症の原因には素因と環境の両方が関係しており、素因の影響が約三分の二、環境の影響が約三分の一とされていた。子どもは親からの遺伝と環境の両方の影響を受け、開発された薬と心理社会的ケアの進歩の恩恵を受けて、平介は、より良い予後が期待できるようになっていた。

この短歌会は、夕方五時半頃から始め、約二時間ほどで終了する。毎月末に行うことになってもうすでに六年たっていた。場所は柏駅からのバス通り沿いにあるレストラン馬車道であった。広い部屋があり、この時間ではあまりお客がいなかった。平介はこの六年間ずっと出席しており欠席したことは一度もなかった。常時五、六人の仲間がいて、加えてその都度二、三人ほどの飛び入り参加があった。

とにかく楽しかった。二時間の時間があっという間に過ぎることがしばしばであった。美味《おい》しい食事を食べ終える頃、思い思いのお茶を飲みながら、その日の司会者が順番に短歌を朗読し、感想を求めていく。決して他の人の短歌をけなしてはいけないというルールがあった。

順番が来て、平介の短歌が二回繰り返し朗読された。

初春《はつはる》の光りまぶしい狭庭辺《さにわべ》の木々に蕾のふくらみ始む

司会者が感想を求めると、常夫が、

「狭庭辺というのは、狭い庭という意味ですよね。そこに光が射していて、木々の蕾が膨らんできたという意味でしょう。良いと思う」

治夫も感想を述べた。

「新しい春が来て、光り輝いているという情景がすごいと思う」

佳子は言った。

「この歌は響きがいいと思う。『はつはる』とか『光り』とか『ふくらみはじむ』というふうに、は行の響きですごく柔らかい感じがする」

平介は、褒《ほ》められてちょっと気恥ずかしい思いであったが、うれしかった。いつもなら見過ごしている狭い庭の風景であったが、新年になって新しい自然の息吹《いぶき》を感じていた。大自然と言っていいと思う。それがこんな小さな庭先に見られることに畏敬《いけい》の気持ちをもって短歌を創作したのであった。それを皆が認めてくれたことに感謝をもった。平介は「ありがとう」と心の中でつぶやき、幸せを感じていた。

四章　親しみの関係（あなたと）

「私は」、たえず「あなたと」の親しみの**信頼関係**を求め続けています。このような関係性において健康であることを社会的健康と言います。わたしたち人間は両親との関係性において誕生し、庇護を受けて成長した後は、親から離れ、新しい伴侶を得て新しい家庭を作るという関係性の中で生きています。

また、日常生活においても、わたしたちは孤立して自分だけ健康ということはありえません。**社会参加**があって身体の健康が維持されます。また、わたしたちは豊かな自然環境との関係性の中で生活しています。

このような生活において、音楽性を感知するわたしたちの身体は、自然や他者がもつリズムやメロディとの調和を得て、**生活のハーモニー**を感じることができます。それは一種の共鳴と言うことができ、同じリズムやメロディの生活者同士の空間的に近接している二人が行う活動に共鳴が起こると、単なる活動から二人分以上の豊かさが得られます。

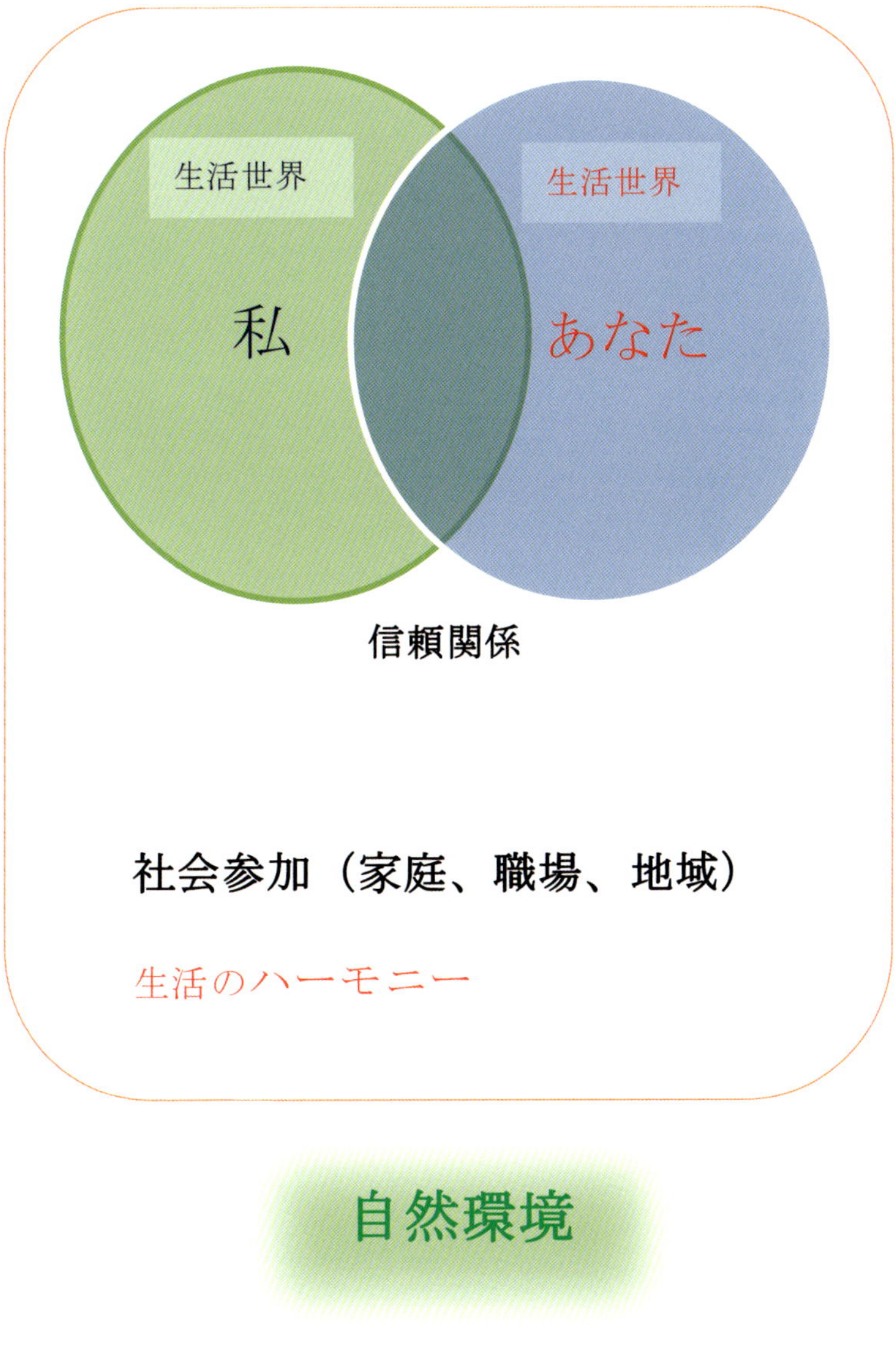
生活世界
生活世界
私
あなた
信頼関係
社会参加（家庭、職場、地域）
生活のハーモニー
自然環境

四一　信頼関係

一　しんらいの絆を結ぶ新家庭

二　こどくから抜け出し友と語り合い

三　おもいやり障害もちし人のこと

四　そうだんはひたすらに聴く人のいて

四二　社会参加

五　えしゃくして交わる朝の散歩道

六　ふれあいの楽しみ増える短歌会

七　ルールもち地域福祉は進展す

八　ともがきのハーモニーあり里帰り

四三　生活のハーモニー

九　ひょう情もにこやかなりしアンサンブル

一〇　ハーモニー合わせ働く仲間あり

一一　テーブルを囲み団欒する家庭

四一　信頼関係

一　しんらいの絆を結ぶ新家庭

家庭は最も基本的な社会です。人は信頼関係のある父母のもとに生を受け、しっかりした親子関係の中で成長し、やがて親から離れ、新しい伴侶を得て新しい家庭を築いていきます。そのような親しみの関係性の中で困難を乗り越え心の安定した生活を発展させられると思います。

牧人（二十二歳）は教会の幼稚園の教師をしていた七歳年上の恵と出会った。恵の一家は戦後満州からの引き揚げ家族で、北満州の平原の都市ハルピンから汽車で半日程度で到着するチチハルに住んでいた。敗戦後の抑留中、恵は、胃腸をこわしていたので、引き揚げの途中にはひどい栄養失調に陥ってしまった。悪条件のもと母の背を借りて歯を喰いしばるようにして引き揚げてきた。

父の実家がある群馬県大泉町に住んだ。そして、一年遅れで小学校に入ることになった。なお、医者にかかっていて、衰弱とかっけが治っても身体はやせこけてお腹がふくらんでいる難民の子さながらの姿になっていた。学校に行ってもすぐに貧血を起こし暫くの間は長欠の状態だった。口が重く、笑うことも全く忘れてしまっていた。成長も止まってしまい、身体は妹よりも小さかった。

恵の父・裕介は、青年の頃、大酒飲みであった父親がいた群馬の家を飛び出し、北海道に行き道庁に勤めた。その頃、街中で知り合った当時中学生の佐藤忠良を下宿に招き、父親代わりになって生活の面倒を見た。佐藤忠良がシベリア抑留から帰って、彫刻家として著名になっていく時の作品である『群馬の人』のモデルになったのが裕介であった。

恵が仲良しグループと楽しくコーラスをしたり、皆からメグちゃんと可愛がられ、心から笑えるようになったのは中学二年生の頃からだった。すっかり健康になった恵を見て両親は心から喜んだ。

しかし、一家の引き揚げ後の生活はなおもひどく困窮していた。中学校を卒業する頃になって、ある日、父は恵を呼び、言った。

「メグちゃん、どうしても高校へ行きたいか……」

恵は返事もできないほどショックを受けた。

「父さんも、行かせてあげたいと思う。でも家が大変なのは、あんたにも解るだろう。自転車も買えないし、電車通学もさせられない。歩いて通うか？」

恵は答えた。

「それでも行きたい」

女子高まで片道九キロの道のりを歩いて通うことになった。朝六時に出発して、夕方六時に帰ってきた。下駄ばきの通学であった。雨の日など人目を避けて裸足で行く。誰かのお下がりの赤ちゃけたセーラー服を着て、教材の他に白米の一粒も入っていない純粋の麦飯の弁当が入った重い布かばんを肩からかけて、小さな身体をせむしのように曲げて不格好な姿で通った。身体の調子もよくなかったので笑いも忘れたような毎日であった。それでも恵の気力の方は少しも衰えず何をするにも意欲的であった。そのようなあわれにも勝気な姿を見て、父母は何度も涙を流した。

恵は無類の努力家であった。毎日十八キロの徒歩は恵の健康をメキメキ取り戻して、可愛らしい笑顔を見せるようになった。一年ほどたった時、支給を受けていた育英資金の一部を父が他に使わないで貯めてくれていたお金で新しい自転車を買ってもらった。その後の恵は何の心配もいらないほど逞しくなっていった。

牧人は、教会幼稚園の教師をし、日曜日には教会学校の子どもたちと明るく笑顔を絶やさないでいきいき活動している恵に出会った。牧人は恵の生い立ちについては何も知らなかったが、恵の多くの困難を乗り越えてきた芯の深い素晴らしい優しさに惹かれた。牧人は勇気をもって愛の告白をした。そして、二年間の交際を経て結婚した。

恵の父は、愛する娘が結婚する時、しおりに次のように書いて贈り言葉とした。

「人を信じるということは大変なことである。少しでも裏切られるとすぐ壊れてしまう。裏切られても、裏切られても、信じて、信じて、信じ切ることは大変むずかしいことである。相手が自分を信じているから、私も信じるなどというのは信じているなどと言えるものではない。こんなのは取引である。愛されているから愛するなどと言うのもまた同じである。信頼も、愛情も、真実であるところに裏切りなどあるはずがない」

牧人は恵と結婚し信頼の絆を強め、やがて三人の子どもの親となった。

二　こどくから抜け出し友と語り合い

何らかの理由で経験していることの意味を見出すことが出来なくなったり、身体のリズミカルな音楽性を失うと生活の崩れをもたらし、他者との関係性が乏しくなり孤立します。ところが、生きられた経験をもち生活の再生ができるようになると、安心と勇気が与えられ、他者との関係性を深め、友ができるようになるでしょう。

就労継続支援B型事業所の牧人の同僚に増夫（三十二歳）がいる。増夫は、最初この事業所の利用者であった。その増夫が障害を乗りこえ、今は職員として働くようになっていた。

増夫は、中学三年の時クラス替えがあり、クラスメイトに馴染めず孤独になってしまった。話しかけてくれる人もいたが増夫はそれを受け入れることはできなかった。高校生になって大学進学コースに入ったが、好きでもない科目の学習が虚しく、ストレスがたまる一方であった。自分がしていることの意味が分からなくなり無意味な毎日であった。ただ我慢して授業に出ていたが机に突っ伏して寝ていることが多くなった。誰とも口を利かず孤立していた。家に帰ってもすぐ部屋に入り閉じ籠もってしまう生活になった。夕食は母が部屋にもってきてくれた。家族の誰とも話をしなかった。

ストレスと孤独で増夫の精神は危機的状況に陥ってしまった。苦しくて、いつ自殺に追い込まれるかわからない状態であった。増夫は高校を中退した。

その後、精神科病院の外来に通うようになっていたが、病院のワーカーの紹介でこの事業所の日中活動をするようになった。増夫は二年ほどして、仕事のかたわら通信教育で高校の卒業資格をとった。そして、福祉の勉強をしたいと言いだし、福祉の専門学校に入学した。

専門学校に入学して間もなくの頃、精神保健福祉学の講師が学習の本論から外れて、学生生活について様々な雑談をしてくれた。その話の中に『論語』の話があった。孔子は次のように言ったという。

「これを知る者は、これを好む者にしかず。これを好む者は、これを楽しむ者にしかず」

先生は話してくれた。

「これは、道を理解している者は、その道を愛好する者には及ばない。また、道を愛好する者は、その道を楽しむ者には及ばないという意味である。まず理解すること。そして、深く理解すれば好きになる。心から好きになれば、自《おの》ずと楽しくなる。すなわち、喜んで行動する人が最高だとしているということなのだ。皆も学習するときや運動するとき、いやいや行えばストレスになり、喜んで取り組む人にはそのことが身につくようになる」

これを聞いた時、増夫は思った。

「これだ。まず理解するところから始めてみよう」

それからの増夫は、ペースは遅かったが、学習科目の一つ一つを理解するように取り組んだ。そうすると勉強が楽しくなり、意欲的となり、学習にリズムが出てきた。今まであまり意欲が出なかった科目の内容も理解できるようになるとともに、先生の指導するペースと増夫の学習ペースが合うようになっていった。周囲の人との波長も合ってきた。

ある日の夕方、帰り道で一人のクラスメイトと近くの公園でひと休みして、心の内のさまざまなことを話すことが出来た。それをきっかけにして仲間が数人に増えた。増夫は大きな声を出して友だちと笑い合うことができるようになっていた。

三　おもいやり障害もちし人のこと

生活に相当な制約をもつ人が障害者と呼ばれます。それらの人を思いやる気持ちをもち支援することは、その人を助けるだけでなく、自分を助けることになります。Helping other helps me. であり、日本では「情けは人の為ならず」という諺があります。今までにあなたも体験したことがあるでしょう。

社会福祉法人の責任者になった牧人（六十五歳）は、地域には幼児から高齢者まで様々な問題を抱え悩み苦しんでいる方が大勢住んでおられることを心配ごと相談員をしている民生委員の人たちから聞いた。そのような方々に少しでも手を差し伸べたいと、牧人が力を入れたのは心の健康ボランティア塾であった。牧人は、「この地に住んでいて良かった」と言える人が一人でも増えるような健康な地域になることを願っていた。

牧人は呼びかけた。

「ボランティアは、ボランティアをする人にも受ける人にも心の健康を増進させ、相互に喜びをもたらします。ボランティア塾では、病気や障害に対する医療と福祉の連携、相談のあり方、また、ソーシャルワークや精神科リハビリテーションの方法を学習し、ボランティアを実践す

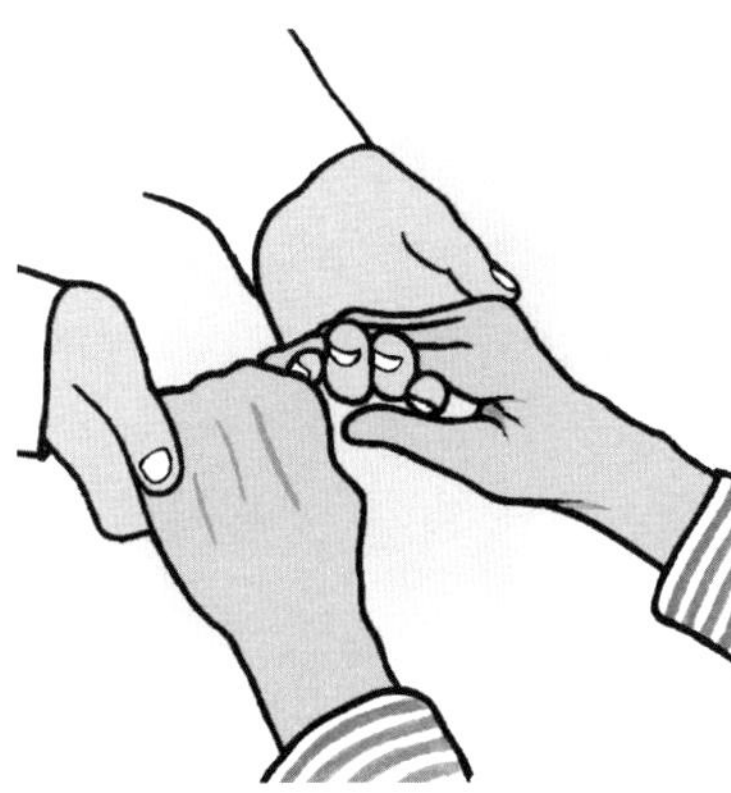

ることによって、地域住民がかかえる課題を共有化し、地域の福祉の向上発展を目指しましょう」

その日は、柏市保健所に集い、心の健康オープン講座を開催していた。職員になった増夫も含め十三名の人たちが集まった。最初に全員が自己紹介した。増夫はあいさつした。

「新庄増夫といいます。私は、中学の頃から引きこもりの生活をしていました。無意味な毎日で誰とも口を利かず自分の部屋に入り閉じ籠もってしまう生活になり、高校も中退しました。その後、通信教育で高校の卒業資格をとりましたが、この心の健康ボランティア塾には勉強したくて入りました。まだよく分からないことばかりです。どうぞよろしくお願いします」

その日の学習課題は「ストレスとこころの健康」であった。講師は保健所の精神保健福祉相談員であった。ひととおりの説明が終わってから、質疑応答の時間になり、増夫は質問した。

「うつ病になりやすい性格というのはあるのでしょうか」

「そうですね。几帳面でまじめ、責任感が強い人がうつ病になりやすいと言われていますが、こうした特徴の方は大勢います。では、どういうことかと言いますと、これらが人並み以上に強い場合や考え方に柔軟性が乏しい人、開き直りや決断が出来ない人はストレスを受け止めやすく、結果としてうつ病になりやすいと言われています」

増夫は自分の過去を振り返ってまったく同じだなと思った。

「生活の中で心がけることは何でしょうか」

とまた質問した。

「適度な運動をして、休息をしっかりとることですね。まあ、十分な睡眠があればいいと思います。そして、栄養バランスの良い食事をとり、規則正しい生活が良いと思います。規則正しいというのは、堅苦しい真面目さでなく、自分なりにリラックスできる方法です。このように運動と休息と食事の生活リズムをしっかりして、前向きに楽しく生活することが大切ですね」

と言いながら優しい眼差しで増夫を見た。そして参加者全員を見て言った。

「皆さんはボランティアを志しておられる方々ですね。ボランティアは心の健康には良い方法です。自分も楽しくできるし、ボランティアをしてもらう方も喜んでくれます。その相乗効果が喜びを倍増して大変良いと思います。皆さんの今日のお顔も輝いて見えます」

その言葉を聞いて参加者はお互いの顔を見合わせて笑いあった。講師の方は付け加えて言った。

「ぜひ、障害をもたれた方々に温かい心をもって接して下さいますようお願いします」

四　そうだんはひたすらに聴く人のいて

仲間同士の話し合いでも、ひたすらに真剣に心をこめて傾聴することが大切です。相談が成立する要素では、このひたすらに聴く人の存在がポイントで、傾聴する時は相づちを打つこと、また、うなずくだけでも語り手を励ます効果がありますので試してみて下さい。

まもなく梅雨に入りそうな曇天の日であった。団地の中にある商店街の一角を借りて行っている就労継続支援事業所の二階で、利用者の一人、邦江がうつろな顔つきで牧人（七十二歳）のところに相談に来た。牧人はそこで相談員として働いていた。

「最近、何もする気にならなくて……。意欲が出ないのです……」

「意欲が出ないのですか」

「私は、もう四十六歳になっているのですが、このまま歳をとってしまっていいのだろうか、と考えてしまうのです。医師に統合失調症と言われてからもう二十年もたちます……」

「そうですか。もう二十年になりますか」

「薬をのんでいても、調子がいい時と悪い時があるのですが……」

「そうですか」

「私の姉も、二歳年上ですが病気を抱えていて、自殺未遂を二回も繰り返し、現在精神科病院に入院中なんです」

「入院中ですか」

牧人は邦江の話を耳を傾けて聴いた。話を聴いて、オウム返しに邦江の言葉を繰り返した。

「私は、なんとなく調子が悪くなって最初自律神経失調症と言われました。もう何十年も薬をのみ続けていけています。薬は症状を抑えてくれますが、そのままで何もしないのでは、健康になれないと思うのです」

「そうですね」

「健康になるためにはどうしたらよいでしょうか」

「そうですね。薬をのんでいる間に、いきいきした生活を再生する必要がありますよね」

「崩れた生活を元に戻して前向きに生きるには、どのようにすればいいのですか」

「運動や仕事などの活動をするときは、できるだけ前向きに積極的に行って、そして、しっかり休むことです」

「私には、睡眠障害があるのです。睡眠が自然にとれるようにするにはどうすればいいのですか。眠剤をのんで無理に眠るというのではなく、自然に眠るようになれば良いのですが、……」

「そうですね。適度な運動と休息、それに様々な種類の食べ物をとることがいいようです。この三つの生活リズムが大切ですね。出来たら楽しい時間をもつことです」

牧人は、しばらくして、

「そうですね、今度の木曜日の午後、短歌会をやりますので参加しませんか」

と毎月第四木曜日の午後に障害者を中心に楽しく行っている短歌会のことを話した。

「出ます。教えて下さい」

「そう。簡単な方法で、あまり難しく考えないで、生活の中で感動したことや感じたことを短歌にするのです。まず日常生活の中で、何か『良いなー』と思うものを手帳等に一言メモすることから始めます。その後でそのメモを中心に、それが『いつ』なのか、そして『どこで』あったことなのか、を思い出して脇に書いてみます。次に『何』が良かったのか、もう一度考えて何を言いたいのかを吟味して短歌を作るのです。それでは今度から出席してください」

邦江は、

「はい」

と言って、来た時とは違って、少々明るい笑顔を見せながら帰っていった。

ひたすらに傾聴続けし部屋温《ぬく》み笑みを残して友帰りゆく

四二　社会参加

五　えしゃくして交わる朝の散歩道

自ら能動的世界に生きようとする時、人は閉じ籠もっていた部屋から外に出て、新しい人々と交わりをもつようになります。やがて関係性が深まり、仲間が形成され、自分の生活世界と他者の生活世界は結び付いていくことになるでしょう。

牧人（五十一歳）は、家を構えたところが柏市と流山市の境にある自然に恵まれたさわやかな空間であることを知り、比較的緑が多い流山の道を毎朝散歩することにしていた。毎日散歩をしていると、名前を知らない人とも顔見知りになった。最初の会釈から始まる付き合いは、徐々に声を相互にかけあうようになっていく。

牧人は船橋から豊四季に十年前に引っ越してきていた。引っ越し計画三年越し、妻との調整は難航した。小さい子どもがいる時は隣近所の母親同士の交わりが出来やすいが、年老いて子どもらも独立して家を出てからそのようなきっかけもなくなると、新しい土地での隣人との交わりは難しい。

牧人は、引っ越し荷物が片付いてしばらくすると、この地はまだ緑が多く動物も沢山いる自然に恵まれた豊かな空間であることを知った。流山を流れる江戸川は、川幅はやや狭く、川底が深くなって水が盛り上がって流れているように見えた。

牧人は思った。

「そうだ、この豊かな自然の中にまず飛び込んでみよう。人々との交わりはその内に自然とできるようになるだろう」

それから毎朝、起きると身支度を整えて散歩に出た。すれちがう人には会釈から始め、徐々に声を出して挨拶するようになった。毎朝決まった時間に、決まった所を歩く人がいてほとんど毎日挨拶するようになった。

その日は、朝焼けのたくさんの小さな綿雲が金色《こんじき》に輝き、台風が去った早朝の空は美しく広がっていた。まだ自然林が残る道を散歩する朝のひとときは昼の街中と違い、見知らぬ人ともあいさつを交わす。

「おはようございます」

「おはようございます、今日は暑くなりますね」

牧人が諏訪神社の細い脇の道に来た時、穏やかな笑顔の女性に呼び止められた。

「すみませんが、この辺を毎日歩いておられるようですが、お願いがあります。この札を掛けて歩いていただけないでしょうか」と、ひも付きの札を差し出された。見ると、黄色の紙に赤い文字で、「パトロール隊　小山小学校」と書かれていた。快く引き受けた。それからそれを首に掛けて、地域の役割を与えられたことが少々誇らしい思いで胸を張って毎日歩いた。

散歩が段々習慣になり楽しくなってくると、雨でも雪でも雨具をつけて実行した。その年の冬は大雪になった。朝起きると雪国に紛れ込んだような雪景色になっていた。早速長靴を履いて散歩に出た。子どもの時に戻ったように心がはずみ身体がぽかぽかと温かかった。

引っ越して来てから十年経ったとき、牧人はこの地域の豊かな自然と人々との交わりができていることを実感していた。

六　ふれあいの楽しみ増える短歌会

短歌は、詩的言語によって自らの経験に意味と音楽性を見出そうとするものですが、短歌会では、表現された言葉の字面《じづら》だけでなく、その作者の生活世界全体を理解するように努めながら総合的に理解します。そして、相互の正のフィードバックによって生きられた経験を得、生活世界が広がっていけば素晴らしいですね。

駒木原にも時々小雨が降り、秋が深まりつつあった。十月末に短歌会が開かれた。参加者はメンバー四名と牧人（六十六歳）と食事担当世話人、それにボランティアと牧人の妻も入り総勢八名である。美味しいカレーが食べ放題で、また、ボランティアが家庭で焼いてきたケーキが特に美味しかった。まず食べ、そして短歌会となる。歌の披露から普段の生活の一端がうかがえ話題提供にことかかない。

短歌会のメンバーの一人である光平は頭が悪くて劣等生だったと自分で言っていた。算数がだめでぜんぜんできなくて、なぜ七たす七が十四になるかわからなかったと言う。

光平は山登りが好きだった。中学校の試験が終わった日に筑波山に行き、素晴らしい経験をした。高校では山岳部に入って全国大会まで出た。秩父宮の前で敬礼した。最初に富山の方に行ってテントの張り方などをやった。ロッククライミングをめざして青春時代を山で過ごした。しかし、二十七、八歳頃から統合失調症を発症した。三十五歳から四年間措置入院で、独房に入れられた。その時から「デジャブ」が始まったと言う。それは光のトンネルの中に入り、あっと思ったら、なんにもわからなくなったことを指していた。光平が作った短歌は次のようなものであった。

残り茶のペットボトルにタバコ入れそれを忘れて飲んでギャー

我が体病の渕に陥りて満身創痍《そうい》病院通い

もう一人のメンバーである修《おさむ》は、三人兄弟の末子として生まれた。小さい頃には特に問題はなかった。中学の頃に母が死亡した。その後、部活に入らないで毎日帰宅した。高校時代、賭けマージャン等の遊びが中心であった。プロパンガス会社を経営していた父が亡くなり、その後を兄が引き継いだ。修は一時支店長を任されるが部下の裏切りにあった。その後、競馬等の賭け事にのめり込み大金の使い込みがあり、精神科病院に入院となった。統合失調症という診断がおりた。二十代半ばから四十代半ばにかけて約二十年にわたって入退院を繰り返した。

四十四歳で退院した時に、牧人の自宅のふれあいホームに入った。その後十三年間再入院することなく、週二回の病院デイケアと月一回の訪問看護のサービスを受けて心の均衡を保ってきた。時にデイケアの数人の友が訪ねて来て、レストランに行って食べたり飲んだりしていた。このような人たちの支えが修の地平を構成し生活世界を支えていた。

すでに両親がいなくなり、兄弟からも離れて病院やグループホームに生活するようになって久しい。今日も独りで雨の中を駅から歩いて帰宅すると、一通の手紙が来ていた。

五月雨《さみだれ》に打たれて一人帰宅せり届いた知らせ宴《うたげ》の誘い

参加者全員の短歌がしおりにしてあった。短歌を通して見えてくる作者の生活を総合的に理解し正のフィードバックを互いに行った。皆楽しく笑いながら、そして心に沁みるアッという間の二時間であった。

七　ルールもち地域福祉は進展す

地域が福祉の場所として発展していく為には、住民同士が相互に交流が出来ることと、隣人に配慮するルールをもつことが必要ではないでしょうか。高齢者や障害者に対する思いやりがないところでは、「地域福祉」と叫んでみても掛け声だけに終わってしまうのではないでしょうか。

増夫は、障害者の福祉について勉強を始めたばかりであった。参考になるかなと思って昨晩読んだ『論語』のマンガ本に出てきた「恕」について、自宅を出てバス停までを歩きながら考えていた。

『論語』の中に出てくる話であるが、弟子の子貢《しこう》に、

「生涯守るべきことを一字で表せるものがありますでしょうか」

と問いかけられて、孔子は、

「それ恕《じょ》か。おのれの欲せざるところは、人に施すなかれ」

と言ったという。恕とは思いやりという意味で、他人からされたくないことは、自分からも他人にしないほうがよいという意味だ。

「わたしたちの社会では、児童虐待があり、いじめがあり、周りの無関心による老人の孤独死も多い。今日もテレビで報道していた。どうして社会はこうなんだろう。母が子どもを愛するのは当然だし、学校では皆仲良く遊べばよいし、地域で隣近所がちょっとしたあいさつを交わすだけでも孤独死はなくなるのではないだろうか」

増夫はバス停に着いたが、まだバスは来ていなかった。時計を見ると専門学校の始業時間の二十分前であった。バスは学校の前で止まるが十五分はかかる、ちょっとあせり始めていた。バス停には数人の人が列を作っていた。それから三分ほどしてようやくバスが来た。ところが、バスの中は朝の通勤の人たちでほぼ満員で、入り口が特に混んでいた。増夫が乗ろうとするとステップの上は人でいっぱいであった。このバスを逃すと次のバスでは学校に遅刻することはまちがいない。

「すみません。乗せて下さい」

誰も無視して動いてくれない。増夫は全身の力をこめて押した。そして少しあいたところに身を滑り込ませた。それから必死になって少しずつバスの中のほうへ移動した。前の方が結構空いていた。

「なんだ、こんなに空いているじゃないか。みんな思いやりがないなあ」

周りの大人たちの顔を見るとみんな素知らぬ顔をしている。

「どうしてこうなんだ」

と内心怒っているうちにバスは学校の前に止まった。急いで教室に行くと、始業開始のチャイムが鳴った。

増夫は午前中もやもやとした気分であったが、お昼休みになると、昨晩の孔子の言葉が浮かんできた。

「おのれの欲せざるところは、人に施すなかれ」

こちらがこんな目にあったのだから相手にも、と考えるのは間違いで、自分がされて不快に思ったことは他人にはしないようにすること、そして、自分が快く思ったことは、相手にもすべきだ。増夫はこのように孔子の言葉を理解し、障害者を支援する福祉が進展するためには地域の人々が思いやりの心をもつ基本的なルールが必要だと思った。

八　ともがきのハーモニーあり里帰り

生まれ育った地域社会の幼友だちや、家族と近隣の人々との親しい関係性は懐かしく成人しても忘れることがありません。また、信仰等を同じくする友垣も力強いハーモニーを構成しますね。

二〇〇六年、社会福祉士になったその年の夏、牧人（六十五歳）は故郷石川県の金沢循環器病院にて左心房粘液腫摘出手術を受けた。検査、手術、リハビリの八月十一日から九月二日までの入院のほとんどの間、北陸の空は快晴が続いた。心臓手術は一大事であったが、牧人にとっては数十年振りの帰省であり、生まれ育った北陸の稲の実りの時期の自然に触れ、懐かしい友との再会の時でもあった。

羽田から小松空港に向かって一時間のフライトであった。心臓手術を決断していたこともあり、久しぶりの故郷の山々が見えてくると、牧人の胸はきゅんと引き締まった。

　山青く谷間に稲田の光りたり我が機はもはや故郷着けり

金澤循環器病院に入った。手術の準備をする数日間、早朝に懐かしい稲田が広がる畦道を散歩した。また、かつて様々な恩恵を与えてくれた懐かしい人たちとの会話を楽しんだ。

　友垣の語らひ続く里帰り心臓手術の時の迫りて

北陸の懐かしいなまりの看護師たちに手術のための様々な指導を受けた。そして、手術の前日、妻と次女が来ていた。手術当日、病室で麻酔を打ち、ストレッチャーで運ばれていく途中意識が飛んだ。

心臓の鋭きメスの閃《ひらめ》きは暗闇続く夢の中にて

意識が戻り、手術後とは思えない安らかな眠りから覚めた牧人は付き添いの娘の手をとり感激の声を上げた。遺書を書き全生命を預けた思いであったので手術が成功したと聞いて心が安らいだ。しかし、次の日から看護師と共に歩むリハビリを始めたものの、その後の経過はそれほど順調とも言えなかった。集中治療室医療器具の中にツーツーと脈拍を告げる音が響いていた。病室に移動してからも数日間、真夜中に点滴や手術の傷に押しよせる鼓動の響きに眠れず看護師を待って闇に横たわっていた。日中の病室の窓から目に映る景色もうつろであった。

その夜も牧人は眠れないまま、ベッドに横になっていた。妻や娘から教会の皆さんが祈っているよ、と聞かされていた。牧師はじめ教会の兄弟姉妹の祈りが聞こえるように思えた。牧人は安らかな思いに満たされ、深い眠りについた。

不思議なる心に満ちる祈りあり我を安らぐ顔の顕《た》ちくる

眠れるようになり数日たって、荒ぶっていた脈拍もおちついてきた。そして、朝の散歩の許可が出た。

ふたたびの朝の散歩を許されり稲穂は光りそよ風の吹く

牧人は手術成功の喜びをもって、お世話になった親しい人たちである見舞客と話の花を咲かせた。そして退院して、金澤市街の長兄の家で一泊、小松市の次兄がいる実家に立ち寄って二泊した。そして、懐かしい人々との再会を果たし、九月に入っても続いている晴天の下帰路についた。

四三　生活のハーモニー

九　**ひょう情もにこやかなりしアンサンブル**

各人は自分の活動であるメロディを奏で、それが響きあって生活のハーモニーが生まれ、アンサンブルを構成します。構成メンバーである一人ひとりの生きられた経験が織りなすメロディが和する時、いきいきとした豊かな喜びに満ちた生活になるでしょう。

話は昔に戻りますが、終戦になった牧人の家計は苦しかった。家は、代々分家の五反百姓で

あったが、父の代で農業をやめたために、自分たちで耕せる分だけ残し、残りの田畑は他の人に貸してあった。戦後の農地改革で、二十年たつとその農地は借り主のものになることになっていた。

牧人の家庭は、祖母を含め両親と子ども五人で、合計八人家族であった。父は安月給だったので家計は大変だった。家族全員で助け合わなければならなかった。

戦前から小学校の校長をしていた父は、教え子を戦地に送り出した教育の推進者であったし、戦後の民主化の動きの中で一八〇度教育内容を転換して総ざんげした教職員のトップにいた。父は晴れても降っても、毎朝自転車に乗ってでかけた。

母は、戦中調子を崩して教職を辞していたが病気から自分の力で立ち上がった。しばらくしてから子どもたちの教育費を稼《かせ》ぐために生命保険の勧誘員として働き出した。自転車に乗れなかったので、歩いて仕事にでかけるようになった。歩くのが苦でないわけではなかったが、歩くしかないと観念していたし、体型は長身で細く、いっちにー、いっちにーとリズムをとって歩くことに喜びを感じるようになっていた。かつて教え子であった人たちはもう成人していたし、生命保険に加入する時代にもなっていて、母の話に快く協力してくれる人が増えだした。勧誘が受け入れられて話が弾み、帰る道は身体が疲れていたが心は軽かった。もうすぐ大学進学を控えた長男を含め五人の子ども全員の教育費を稼ぐことが出来る喜びもあった。すれちがう人たちに挨拶をしたり、野の草花を見たりしながらの帰宅だった。

祖母は、家に居て、家の管理部分を受け持っていた。子どもたちはそれぞれ学校に通っていたが、学校が休みの土日には農作業が待っていた。農作業の中心は、春は田植え、秋は稲刈りであった。

稲刈り作業は、一家総出で行った。兄二人は強力な働き手であった。牧人は、一生懸命兄たちについて作業を行った。色づいた稲を横列四株ずつ鎌で刈り、藁《わら》で上手に稲の束を結わえて、自分の後ろにふわっと立てて置く。そのように並んで前進していく。一枚の田圃がきれいに刈り取られて、稲の束だけが残った。それを運んで数日乾かすために畦道に組んだ稲架《はさ》にかけていく。稲架の高いところは、脚立《きゃたつ》に乗り、下から稲の束を投げてもらい掛けた。母と下の子どもたちが落ち穂ひろいをしていた。

休憩時には皆で輪になって座り、母が用意してくれたお茶を飲み、おにぎりを美味しそうに食べた。そして、またひとしきり作業を行った。夕ぐれになると美しい夕焼け空の中を疲れていたが充実した気持ちで家に帰った。

忙しい農作業の時期が過ぎると、母はまた、保険の外交に精を出した。長兄に続いて次兄も美術系統の大学に入った。牧人は農業を三年間行って、農地を取り戻した後で大学を出ることになった。妹も弟も含め子ども全員が大学を出た。それを可能にしたのは、父母を中心に祖母も子どもたちもそれぞれの役割を果たした家族が織りなすアンサンブルであった。来る日も来る日も歩き通した母の靴は、靴底が極端に斜めに減り、ほとんどひん曲がった状態になっていた。

一〇　ハーモニー合わせ働く仲間あり

誰かを支援する時には、指導するとか、何かしてあげるという前に、共感することが大切です。共感とは、対象から離れて客観的に理解するのでなく、共に行動することから生まれてきます。行動を共にして互いに触れ合って主観的に理解することです。このような関係は横の関係である仲間を生み、豊かな関係性を形成していくでしょう。

牧人（七十二歳）は就労継続支援事業所青い鳥の相談員をしていた。静江はそこに通って来るメンバーの一人であった。メンバーには統合失調症を患っている障害者が多かったが、静江は就労リハビリテーションに取り組むようになって、病気もかなり改善していた。静江の精神症状が安定するようになって、服薬による治療は、一時的に症状を抑えるだけの対症療法とはいえなくなり、服薬を続けることで病気そのものが軽くなっていた。

抗精神病薬を中止したり減量したりできるのかの目安は個人差が大きいので、一律に決めるのが難しい。主治医と相談することが大切で、相談をせず自分だけの判断で中止してしまうのは、いちばんまずい方法であったが、静江は自分勝手にいきなり中断したことがあった。しばらくは身体の調子が良かったが、その後再びストレスに陥った時に病気を再発して再入院する始末であった。その後退院して家に戻り、再び青い鳥に来るようになっていた。

今朝も静江は事業所に着くと、庭に水を撒いていた職員の和倉さんが、

「おはよう。しずちゃん。早いね」

と言って、優しい笑顔で迎えた。

九時三十分になるといつものメンバーが集まってきた。

「それでは体操しましょう」

と先輩格の堀さんが言って、カセットのスイッチを入れた。いつものラジオ体操第一のメロディである。メンバー七人がそれぞれの格好で手足を動かしている。狭い部屋の中であるが、それに加えて職員三人、その内の一人がガラス戸の玄関の外に出て体操した。

体操が終わると、朝のミーティングが始まった。

「今日の予定は、午前中は昼食作りです。午後はクッキーを皆で作ります。今日は講師の先生が来てくれますので、しっかり教わって、美味しいクッキーを作って下さい」

「はーい」

「それでは、今日のリーダーをやってくれる人はいませんか」

「はい。私がやります」

と、恵子が手を挙げた。

「書記をやってくれる人は」

「はい」

と言って勇夫が手を挙げた。

「食材を点検してくれる人」

「はい」

とその他二人の人の手が挙がった。

皆が立ちあがって活動開始。今日の昼食の注文者は青い鳥事業所内のメンバーと職員で十人、青い鳥事業所の前にお店を構えている地域活動支援センターから五人、法人本部事業所から四人の注文があった。合計十九人分の昼食作りである。十時から本格的に調理に取り掛かった。厨房の中に四人入り、残りの人は厨房の外の席で食材を準備した。今日のメニューは肉じゃがで、静江はひたすらジャガイモの皮をむき、後半盛り合わせを行った。

十一時三十分頃に、昼食作りはほぼ完了した。十二時になると、外からの注文者が店の入り口に姿を現した。

「いらっしゃいませ」

メンバーが一斉に声を出して迎えた。それぞれのお客さんに給仕をして、食事が始まった。

牧人もお客の間に入り知り合いの客とあいさつをして食べ始めた。一時おしゃべりの花が咲く。三十分遅れてメンバーと担当職員たちも食べ始めた。食後、メンバーはゆっくり休憩をとった。

午後一時三十分から午後の作業を開始した。メンバーの半分は調理の後片付けに入り、残りのメンバーはクッキー作りの作業に取り掛かった。午後から顔を出した講師の先生はちょっと厳しいが、要領よくクッキー作りの段取りを指示し、メンバーの長所を見て適材適所に役割を分担して指導した。楽しい時間であった。静江は他のメンバーと一緒に、先生の指示に従って、気をつけて原料の小麦粉の粉をこね始めた。

三時三十分に作業が終了。テーブルの上を片付け、みんな集合して、今日の振り返りのミーティングを行った。

順番が来て、静江は、

「今日も楽しい一日でした。明日も来たいと思います」

と答えた。

その日の業務日誌感想欄に牧人は次のように書いた。

「他人から見たら平凡な一日のように思うかもしれない。しかし静江さんは、今まで統合失調症による入退院を繰り返し、孤立していたのだ。最近退院して家庭に戻り、日中再び、仲間との就労生活のハーモニーを感じるようになったに違いない。このような地域生活が出来ることは本人にとって大変喜ばしいことだろう」

そして、最後に短歌を添えた。

笑顔もち一日《ひとひ》働くハーモニー幸いなるかな友帰りゆく

一一　テーブルを囲み団欒《だんらん》する家庭

家族で楽しい時間をもつことはとても大切です。親しい人とテーブルを囲み談笑できる人間関係は生活の豊かさを象徴しています。活動や参加機能が高揚した家族とは、音楽で例えれば、数本の楽器の演奏が調和したアンサンブルやオーケストラのようなものではないでしょうか。

裕子の夫、和雄は国土交通省に勤めていた。若い時は神戸、水戸等の地方に派遣された。四回目くらいに仙台局に派遣され、三年の任期が終わって東京に帰る予定であった直前、東日本大震災に遭遇した。そこでの勤務は延長となり、主に東三陸鉄道復興の仕事に携わっていた。裕子は結婚するとすっかり元気を取り戻し、今では三人の子どもがいた。今年の四月には三人とも同時にそれぞれの学校に入学することになっていた。長男の浩ちゃんは高校入学、長女の恵美ちゃんは中学入学、二女の清ちゃんは小学校入学だった。ただ浩ちゃんは高校受験で第

一志望の学校の合格発表はまだこれからだった。夫の和雄は残業が多く、夕食を家族で食べる機会はウィークデイでは一～二回ぐらいであったが土日は一緒に食事をした。

その日の夕食の時、清ちゃんの保育園の友達の話から始まった。

「ね、ね、聞いて。あゆみちゃんがね、一緒に帰ろうといって、今日一緒に帰って来たんだよ」

「ああ、そう。それでどうしたの」

「そしてね、二人で歌を歌ったんだよ」

「あら、そう。よかったね」

その話が一段落すると、恵美ちゃんが何かカバンから用紙を取り出してきて、お母さんに差し出した。

「見て、これ今日作った。先生に褒《ほ》められたよ」

見ると、何やら文字が書いてある。短歌であった。初めて作ったのだという。


さらさらと若葉あふれる山寺の千の階段負けじと登る

「あら、この前山形の遠足に行った時の短歌だね。すごい上手だね、田舎のおじいさんにも見てもらおうか」

と言って、携帯を取り出してその場で写して、メールで送った。

次の日の夕方、柏のおじいさんから電話がかかってきた。

「短歌みたよ。すばらしいね。これ恵美ちゃんが作ったの？」

「うん」

「すごい。さらさらと若葉あふれるという表現がいいよ。それに、千の階段というのもいいし、負けじと登るというのも心が表現されていていいね」

恵美ちゃんはおじいさんにほめられて興奮して笑顔がはじけるようだった。

少しして、お兄ちゃんから電話がかかってきた。恵美ちゃんが電話に出た。

「お母さん、お兄ちゃんから」

お母さんが代わると、

「二高受かったよ」

浩ちゃんのうれしそうな声が飛び込んできた。

「あら、そう。おめでとう。よかったね」

「うん」

「じゃ早く帰ってきて御飯食べてお祝いしましょう」

その日の夕食は、お父さんも早く帰ってきて、家族そろって食卓を囲み、笑顔いっぱいのにぎやかな楽しいひと時となった。

エピローグ

我孫子《あびこ》バードセンターの喫茶室の窓から見える手賀沼《てがぬま》には、二十羽ほどの白鳥が悠々と泳いでいた。十二月の比較的暖かい昼下がり、牧人は福生龍《ふっさりゅう》と向かい合っていた。

牧人は話しだした。

「あなたにお会いしてから三年たちました。その間自分の生活を振り返ってみました。そして、出来たのがこの四十四枚のかるたです」

と言って、テーブルの上に文字札と絵札のかるたを置いた。福生龍はそれを手に取ってまず絵札をしきりに眺め、それから、文字札を真剣に読み始めた。十五、六分はたっただろうか、牧人を正視して言った。

「大変丁寧に描けています。ただ……」

「ただ、何ですか。おっしゃって下さい」

「そうですね。緊張感と面白みがもう少しあってもよいと思います。かるた言葉を川柳でまとめるのであれば、もっと真の生活をクローズアップするとよい。自分の活動したことを穿ち、それをドラマ化して軽み、笑いを込めるのが川柳でしょう」

「そうですか。ご指摘ありがとうございました」

その後、しばらくお茶を飲みながら雑談をして福生龍と別れた。
牧人は、すぐさま自宅に戻り作業に取り掛かった。数カ月して、「いきいき生活かるた」の文字札と絵札が完成した。

一、いきいき生活かるたの構成とゲーム

いきいき生活かるたは、四種類のカードに分けられ、それぞれ十一枚で構成されています。そして、十一枚のカードの中は、主題によって四枚、四枚、三枚に分けられています。カードの左上の二桁の数字がそれを示します（次ページの表を参照）。

下1桁の数字が3である**13の生活のリズムカード**と、**23の生活のメロディカード**と、**43の生活のハーモニーカード**の生活音楽性関係かるたは三枚ずつです。そして、その音楽性を感知する**33の情感機能カード**三枚は「ジョーカー札」としての位置付けです。

かるたの左上の２桁の数字と種類

I	豊かな時間（今）	11．生きられた経験（４枚）	1－4
		12．将来の希望（４枚）	5－8
		13．生活のリズム（３枚）	9－11
II	安心できる空間（ここで）	21．地平・支援（４枚）	1－4
		22．能動的空間（４枚）	5－8
		23．生活のメロディ（３枚）	9－11
III	能力を発揮する身体（私は）	31．心身機能（４枚）	1－4
		32．認知機能（４枚）	5－8
		33．情感機能（ジョーカー札３枚）	9－11
IV	親しみの関係（あなたと）	41．信頼関係（４枚）	1－4
		42．社会参加（４枚）	5－8
		43．生活のハーモニー（３枚）	9－11

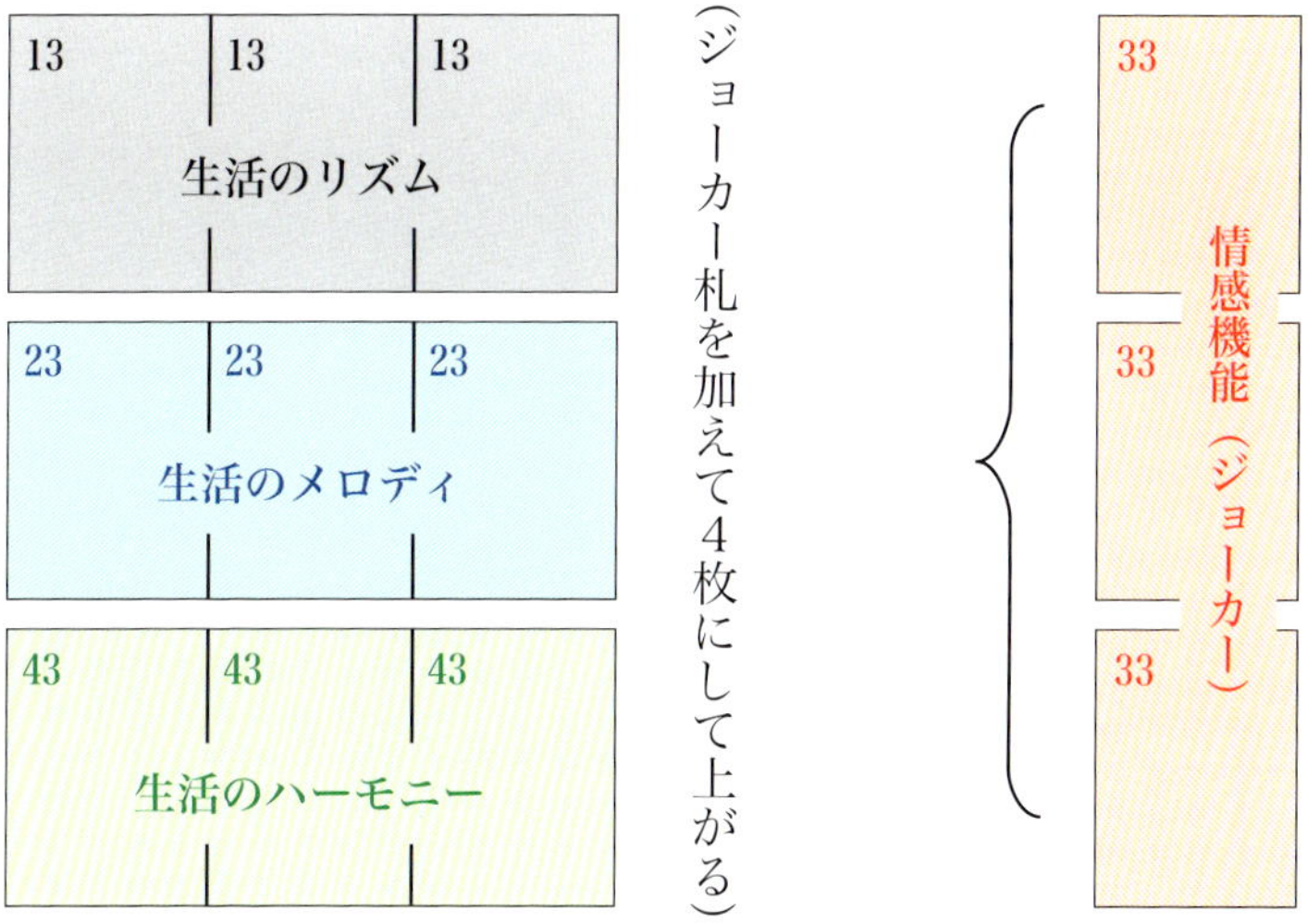

カード集めゲーム

(ア) 参加者に四枚ずつ配り、残ったかるたは場の真ん中に積んで、上から四枚を開いておきます。
(イ) 時計回りで最初の人は、一枚又は全部を必ず取り替えます。
(ウ) 次の人から、場に開かれているかるたが全部いらないと判断したら、一回だけ捨てること（シャッフル）が出来ます。その場合、新しいかるたを開き、その中から取り替えます。
(エ) このようにしてかるたを取り替えていって、同じ種類のかるたが四枚揃ったら、皆に見せて上がりとなります。最初に上がった人が一番となり、次の人が上がるまで続けます。
(オ) 前記13、23、43のカードは、33のジョーカーを加えて四枚にして上がります。ジョーカー札は何枚でも使うことが出来ます。

その他「いきいき生活かるた」を使った遊び方を紹介しましょう。

かるた取り

(ア) これは文字通りかるた取りです。絵札を場に並べ、読み手が文字札を読み上げ、みんなで取り合うものです。

(イ) 参加者は一枚以上取れるとよい。最も沢山取った人が勝ちです。

(ウ) 取り終わった後に、自分で取ったかるたから好きなかるたを一枚選び感想をのべるようにすると、かるたの内容に関心をもつことができます。

かるた合戦

(ア) 二または四チームに分かれます。そして、かるたを種類(黒、青、赤、緑)別に分けて、ジャンケンで勝ったチームから種類を選んで受け取り、自分たちの前に、最初だけ番号順に並べておきます。

(イ) 読み手が文字札を読み上げ、かるたを取り合います。その際に、他のチームのかるたを取ったら、そのチームに自分たちのかるた一枚を渡すことが出来ます。もらったかるたは追加して並べておきます。

(ウ) 相手チームのかるたに対するお手付きがあったら、一枚もらって、並べておきます。

(エ)　このようにして競い、前に並べたかるたが無くなったチームが勝ちとなります。

6ならべゲーム

①ディーラー（かるたを配る人）は、かるたをよく切って参加者に全部のかるたを裏にして配ります。
②参加者は配られたかるたの右上の数を見て、「6」の番号のかるたを場に出します（黒、青、赤、緑の四種類のかるたは、それぞれ11枚あり。真ん中は6です）。
③ディーラーの隣の人から時計まわりで一枚ずつかるたを番号順に場に並べていきます。出せるかるたは場に並んでいるかるたの隣の番号のみです。
④出すかるたがない場合は「パス」を三回まで出来ます。それでも出せなくなった人は「破産」となり、もっているかるたを場にならべて終わります。
⑤手元のかるたが全部なくなった人から上がりとなります。
（その他、アイデア次第で遊び方をひろげることが出来ます）

二、生活短歌と短歌会

生活短歌を作ることは、わたしたちの日常の経験に意味を与え、音楽性を見出すものです。そのことによって、何もないような平凡な生活を有意義で楽しい生活に変えてくれます。

まず日常生活の中で、何か「良いなー」と思うものを手帳等に一言メモして下さい。その後でそのメモを中心に、それが「いつ」なのか、そして「どこで」あったことなのか、を思い出して脇に書いてみてください。次に「何」が良かったのか、もう一度考えてみましょう。今まで見落としていた大切なものを発見するかもしれません。そして、「なぜ」「どのように」してそれが出現したのかということを吟味してみましょう。こうすることによって、最初のメモの周りに様々な言葉が並びます。「いつ（When）」は時間性を表現します。「どこで（Where）」は空間性を表現します。「誰（Who）」は自分ですが、特に書く必要がない時は省略します。「何（What）」は自分が向き合った対象です。「なぜ（Why）」は原因、その根拠、目的。「どのように（How）」はものごとの秩序を表すものです。

そして、書き並べた言葉を取捨選択し、五、七、五、七、七のリズムに添って並べると生活短歌は出来上がります。

このように5W1Hで書くということは、経験を理屈っぽく説明するのではなく、物語るように書くということです。そうすることによって、自由にのびのびとした経験を音楽の要素であるメロディとして捉え、歌としての短歌表現になるのです。

この後、何回か推敲《すいこう》を繰り返して、出来るだけ滑らかな表現になるよう工夫し、生活短歌は完成します。最初は誰かの指導を受けながらでも言葉にすることができると、自分の生きられた経験を通して生活世界の質を高めることができます。

次に短歌会ですが、お茶でも飲みながら、相互にくつろいだ雰囲気が出来てから始めると良いと思います。短歌会では、司会者を決めます。司会者が短歌を朗読する場合、さっと一回字面を読むのでなく、ゆっくりと二回繰り返し朗読すると、参加者がその作者と短歌を総合的に理解することができる時間を与えます。次に、参加者の感想を言ってもらいます。この時、けなしたりしないで肯定的に良いところをほめるようにしますと、作者が経験した事柄を生きられた経験にすることに貢献することが出来ます。

短歌会の具体的な順序は次の通りです。

①ウォーミングアップ（挨拶または新しい人がいれば自己紹介）。
②お互いによって選ばれた司会者が生活短歌を二回朗唱します。
③参加者は、良いと思うところを中心に感想を述べます。
④その後で、作者は自由に生活短歌作成の経緯について意見を述べます。
⑤その上でなお、作者の「生活世界」について話しあうことができます。

⑥このようにして、他の生活短歌について、前記②〜⑤の過程を繰り返します。
⑦短歌会は、最後にそれぞれの感想を述べて終わりになります。

いいもりこころの診療所の飯森眞喜雄院長は二〇〇九年の『芸術療法における言語と語り——言語とイメージと芸術療法』の中で、俳句療法のような言語によるイメージ表現でも、ごく平凡な語を並べただけでも、それが俳句として成立すると、個々の語が辞書で定義されているような制度化された概念的意味を超えた意味を帯び、患者にそれまで気づかなかった身体感覚や世界をもたらすことがあると言っています。また患者の作品を患者と治療者とが推敲していく過程で、五、七、五の響きや調べ、そしてそれらが醸し出す言葉が患者から響き出で、患者と治療者とがそれまでにはなかった意味世界を描き出すといいます。短歌も、また、日常の言葉を並べただけでも、短歌定型の韻文として成立すると、五、七、五、七、七の響きや調べの世界をもたらすのです。

このような活動を通して、短歌会は仲間を生み出します。仲間は互いに正のフィードバックを行い、継続して短歌を作る生活の力をエンパワメントしていきます。

三、いきいき生活評価票

ご自分の生活のいきいき度はどのくらいでしょうか。

領域	No.	項　目	評価点（○をつけます）
時間性	11	生きられた経験	1 2 3 4
	12	将来の希望	1 2 3 4
	13	生活のリズム	1 2 3
空間性	21	地平・支援	1 2 3 4
	22	能動的空間	1 2 3 4
	23	生活のメロディ	1 2 3
身体性	31	心身機能	1 2 3 4
	32	認知機能	1 2 3 4
	33	情感機能	1 2 3
関係性	41	信頼関係	1 2 3 4
	42	社会参加	1 2 3 4
	43	生活のハーモニー	1 2 3
合　計			

（評価点の目安）
1……よくない，2……あまりよくない，
3……まあまあよい，4……よい
（自己採点の目安）
最高点：44点
評　価：35点以上……大変素晴らしい
30点以上……素晴らしい
25点…………普通
20点以下……生活改善を要す

あさい　のりあき

2012年に上智大学大学院総合人間科学研究科社会福祉学専攻博士前期課程修了。精神保健福祉士、社会福祉士。社会福祉法人よつば理事。福祉サポート会社サンフラワー設立。

〔著書〕
歌集『歌のエンパワメント』
『自分のメロディを奏でる』
『いきいき生活かるた』

イラスト：斎木磯司

いきいき生活かるた

2017年３月13日　初版発行

著　者　あさい のりあき
発行者　中 田 典 昭
発行所　東京図書出版
発売元　株式会社 リフレ出版
〒113-0021　東京都文京区本駒込 3-10-4
電話 (03)3823-9171　FAX 0120-41-8080
印　刷　株式会社 ブレイン

ISBN978-4-86641-029-6 C0095
Printed in Japan 2017
日本音楽著作権協会(出)許諾第1614674-601号
落丁・乱丁はお取替えいたします。

ご意見、ご感想をお寄せ下さい。

［宛先］〒113-0021　東京都文京区本駒込 3-10-4
東京図書出版